Raimund Ločičnik · Maroni, Sterz und Muskateller

Raimund Ločičnik

MARONI, STERZ UND MUSKATELLER

Leben im steirischen Weinland anno dazumal (1880 - 1935)

ENNSTHALER VERLAG, A - 4400 STEYR

Ich widme dieses Buch meinen Kindern Bettina, Raffael, Jasmina und Nora und meinem „neu entdeckten“ Cousin Günter Werner Schneiderat.

www.ennsthaler.at

ISBN 3-85068-642-6

Raimund Ločičnik · Maroni, Sterz und Muskateller

Ennsthaler Gesellschaft m.b.H. & Co KG, 4400 Steyr, Österreich
Satz, Bildbearbeitung: bleifrei · cross media production · steyr
Covergestaltung: Ennsthaler Verlag

Inhaltsverzeichnis

1. **Der Ursprung der Geschichte** **7**
   Idee und Entstehung des Buches; Methodik; Familiengeschichte; Zielgruppen.

2. **Leben im steirischen Weinland anno dazumal** **12**
   Jugend in Cilli; Im Dienst des Doppeladlers; Jahre in Eibiswald; Der Kohlebergbau; Die Eisenbahn ist ihr Schicksal; Das Leben, faktisch betrachtet.

3. **Der letzte Walzer** **40**
   Die Welt um 1900; Das Leben auf dem Land; Gewerbe, Industrie und Unternehmer; Die Bombe tickt.

4. **Die europäische Tragödie** **51**
   Die Annexion von Bosnien-Herzegowina; Ein Attentat erlöst das Reich; Das Gefecht bei Temes Kubin; Königgrätz lässt grüßen; Ein Krieg ohne Parlamentsbeschluss; Euphorie macht sich breit; Ein Reich macht mobil; Der letzte Aufmarsch; Ein Kaiser ohne Reich; Schritte für den Frieden; Der Krieg frisst seine Kinder.

5. **Trauriges Lied ohne Worte** **74**
   Vom Großraum zum Grenzland; Heimat als Realität; Der Staatsvertrag von St. Germain; Erlangung der österreichischen Staatsbürgerschaft; Deutschlandsberg wird Grenzbezirk; Heimat als Ideal; Der Kampf ums tägliche Brot; Der „Aderlass“ in den Gemeinden.

6. **Wein, der prägt** **88**
   Kleine Kulturgeschichte des Weinbaues; Weinbau in der Steiermark; Weinstock; Bearbeitung des Weingartens; Schnitt der Reben, Weintraube; Schutz der Weingärten und Trauben; Weinlese; Kelterung; Fässer; Gärung; Weinqualität; Ausschank; Buschenschank („Aus‘gsteckt is“); Trinksitten und -regeln; Scherzkrüge; Weinhandel und Transport; Mythologie; Erntefeste; Eine kleine Weinanekdote; Champagnerfabrikation.

7. Essen mit Nostalgie **107**

Ein Blick in die kulinarische Vergangenheit; Fleisch und Fette; Gemüse; Salate; Kräuter; Kürbis- und Kürbiskernöl; Maroni, Edelkastanien oder „Kästn“; Buchweizen, Hirse und Mais.

Rezept-Selection **121**

8. Der Traum vom besseren Leben **126**

Heilende Wasser; Der Naturarzt Franz Krainer; Der „Höllerhansl“; Die Lebensreformbewegung; Der Grazer Nudistenverein „Gesunde Menschen“; Das alkoholfreie Speisehaus in Graz; Schlussbetrachtung.

Abbildungsverzeichnis **138**

Literaturverzeichnis **139**

9. Bilder als Zeugen der Wandlung **145**

Alte Ansichten von 1890 - 1940.

1. Der Ursprung der Geschichte

Wer seine Wurzeln nicht kennt,
findet seine Zukunft nicht.
(alte Weisheit)

Das steirische Weinland ist kein unbeschriebenes Blatt. Seit mehr als 100 Jahren wird über dieses einzigartige Stück österreichischer Landschaft geforscht und publiziert. Zahlreiche Arbeiten dokumentieren die Geschichte, die Volks- und Heimatkunde sowie die kulturellen und topografischen Besonderheiten.

Wie kommt also ein Oberösterreicher dazu, ein Buch über das steirische Weinland zu schreiben? Noch dazu, wo es ausreichend Autoren gibt, die der Region beruflich, historisch oder topografisch näher stehen als ein Tourist, der zwei- bis dreimal im Jahr als einer von unzähligen Weinliebhabern nach Gamlitz, Klöch oder Eibiswald reist? Grundsätzlich haben Sie Recht, wenn Sie so denken und diese Fragen stellen. Aber da ist noch etwas, was ich Ihnen unbedingt erzählen möchte.

Vielleicht kennen Sie Situationen, wo Sie etwas sehen, hören oder spüren, das Ihnen bekannt vorkommt. So, als hätten Sie es schon einmal erlebt. Eine Szene, die vor Ihrem geistigen Auge wie ein Film abläuft, von der sie aber nicht wissen, woher sie kommt und was sie bedeutet. In Gedanken versuchen Sie den Film zurückzuspulen, um seine Entstehungsgeschichte zu erfassen. In den seltensten Fällen werden Sie dabei allerdings fündig werden und zurück bleibt nur ein unbestimmtes Gefühl des Unbehagens. Auch ich hatte schon öfter solche Erlebnisse. Manchmal an bestimmten Plätzen, ein anderes Mal in emotionalen Situationen, manchmal halb im Traum oder auch hell wach.

Ganz intensiv erlebte ich diese Gefühlsregung vor einigen Jahren bei einem Besuch im Technischen Museum in München. Viele interessante Schauräume hatte ich bereits durchschritten, als ich plötzlich vor den Modellen der Brücken und Tunnelbauten stand.

Gebannt und fasziniert blickte ich auf die Konstruktionen und plötzlich begann ich (der erwachsene, starke Mann!), von einem Glücksschauer überwältigt, heftig zu weinen. Nur für ein paar Sekunden, versteht sich. Dann hatte ich die Situation wieder im Griff und meine Gedanken machten sich auf die Suche nach der Ursache für diesen Gefühlsausbruch.

Was ich nicht erwartet hatte, trat ein. Nach einigen Minuten des „Zurückspulens“ entsann ich mich meiner Kindheit und der begeisterten Erzählungen meines Vaters über die tollen und kühnen Brücken- und Tunnelbauten, an denen sein Vater (also mein Großvater) als Pionier während seiner Militärzeit in der k.k. Armee mitgearbeitet hatte. Seine Begeisterung ging so weit, dass er mit uns in die entlegensten Täler Jugoslawiens reiste, um uns diese technischen Meisterleistungen altösterreichischer Ingenieursbaukunst vor Augen zu führen. Für mich als Kind trug diese Begeisterung und diese Bewunderung etwas unsagbar Schönes in sich und so erklären sich wohl auch die Freudentränen im Technischen Museum in München.

Was ich damit sagen möchte: Mein Vater hatte mir damit „Geschichte“ vermittelt und mitgegeben. Eine ganz persönliche, individuell und subjektiv gefärbte und vielleicht sogar eine leicht mythisierte, aber eben Geschichte aus erster Hand, in ihrer ureigensten Form der mündlichen und bildhaften Überlieferung. Und wie es meistens bei sehr schönen oder auch sehr grausamen Überlieferungen üblich ist, wächst plötzlich das Verlangen, tiefer zu graben, zu forschen, mehr zu erfahren, zu hinterfragen, zu interpretieren.

Hier beginnt sich ein Kreis zu schließen. Auch die Südsteiermark wirkte seit eh und je äußerst anziehend auf mich. Die Landschaft, die Menschen, der Wein, das Essen ... Tatsächlich gibt es einen direkten, familiären Bezug. Mein Großvater Franz Ločičnik war in den 90er Jahren des 19. Jahrhunderts von Cilli nach Eibiswald gezogen, weil es dort für ihn als Schuhmachermeister bessere Arbeitsbedingungen gab. Er hatte sich auf die Produktion von Bergmannsstiefeln und Arbeitsschuhen spezialisiert und war für die „windischen Knappen“ in den Bergwerken von Feisternitz und Hörmsdorf tätig.

Drei seiner fünf Kinder kamen in Eibiswald bzw. Hörmsdorf zur Welt. Damit beginnt ein Differenzierungsprozess, den ich den familiensystemischen Ansatz in der Geschichte nennen möchte. Jeder meiner unmittelbaren Verwandten (ein Onkel, zwei Tanten) hat aus dieser zwischenzeitlichen Heimat (Franz Ločičnik zog etwa um 1902/03 mit seiner Frau und den Kindern weiter nach Leoben, wo er neue Arbeit im Bergwerk „Seegraben“ fand) Eindrücke, Verhaltensweisen und geistige „Bilder“ mitgenommen und weitergegeben. Robert Ločičnik, der Älteste, durch seine Malerei und die Vorliebe für den Wassersport. (Oftmaliges Ziel seiner Faltbootfahrten war Spielfeld oder Radkersburg. Seine Erzählungen von der „unverbauten Mur“ klingen mir heute noch in den Ohren!) Friederike, die Zweitgeborene, mit ihrer Kochkunst, die sie später in einem eigenen kleinen Restaurant in Omis bei Split in Dalmatien mediterran verfeinerte und die vielleicht meine Vorliebe für steirische und südliche Speisen und das „Weinland Steiermark“ mitbegründet hat. Oder Maria (Tante „Mizzi“), die 1925 nach Brasilien auswanderte und dort durch die Beschreibung ihrer Heimat ihren bereits in Brasilien geborenen Sohn Lino beeindruckte und in den Bann zog. (Trotz seiner 74 Jahre ist es einer seiner größten Wünsche, einmal in seinem Leben in die Südweststeiermark zu kommen, um die Heimat seiner Mutter zu erleben.)

Das Spannende an derartigen Familiengeschichten ist nicht so sehr die Bedeutung der Inhalte und Handlungen für die so genannte „Weltgeschichte“. Nein, es ist die persönliche Empfindung und Prägung, zusammengesetzt aus Wahrnehmung, Legendenbildung und Tradierung, die ein kleines Mosaiksteinchen für die Entwicklung der nachfolgenden Generationen bildet. „Weltgeschichte ist Stadtgeschichte“, schreibt Oswald Spengler in seinem Buch „Der Untergang des Abendlandes“ und tatsächlich zogen die großen „Imperatores“ nicht aus dem Dorf, sondern aus Städten wie Alexandria, Athen, Rom, Paris oder anderen Metropolen in die Welt. Von ihren Daten sind die Geschichtsbücher aller Kulturen voll, aber die Geschichtsschreibung des „kleinen Mannes“, der Mütter, Frauen und Kinder steckt gerade erst in den Kinderschuhen. Sie fasziniert uns deshalb, weil sie einen Teil unserer eigenen Vergangenheit reflektiert und weil sie uns ein Stück Identität verleiht. Gleichzeitig zeigt sie uns aber auch, dass jeder und jede Einzelne von uns an der Geschichte teilnimmt, Geschichte „schreibt“ und sie auch beeinflusst. In diesem Sinne offenbart sie auch deutlich ihre Ambivalenz: Einerseits spiegelt sie Kontinuität und Überlieferung wider, andererseits befindet sie sich ständig in Veränderung.

Meistens gibt es einen „Auserwählten“, der die Familiengeschichte mündlich oder schriftlich weiterträgt und dokumentiert. In der Familie Ločičnik war es mein Vater, dem diese Rolle oblag. Er war der Jüngste und wohl auch der Sensibelste aller fünf Geschwister, der aufgrund der äußeren Umstände am stärksten zur Integration neigte. Seine Mutter starb 1917, als er 11 Jahre alt war, und nur drei Jahre später ereilte dasselbe Schicksal seine Lieblingsschwester, die ihm zum Mutterersatz geworden war. So lebte er auf engstem Raum und in unmittelbarer Nähe zu seinem Vater, der ihm gleichzeitig positives wie negatives Beispiel und Vorbild wurde.

Positiv deshalb, weil er ein stolzer, furchtloser, friedliebender und naturphilosophisch inspirierter Mensch war, negativ, weil ihn das Schicksal (verlorene Kriegsanleihe, Verlust des Arbeitsplatzes und der Heimat!) in die Abgründe des Daseins blicken ließ. Dabei spielte der Alkohol eine gewichtige Rolle, der in Momenten tiefster Not und absoluter Ausweglosigkeit zu einem Seelentröster nicht nur meines Großvaters, sondern fast aller Handwerker und Bergleute wurde.

Aus dieser Ambivalenz des Alltags schöpfte mein Vater eine Vielzahl an kreativen Aspekten, die ihm halfen, jene Momente zu bewältigen und zu vergessen, in denen er selbst am Rande seiner Existenz stand. Gerade weil seine selektive Geschichtswahrnehmung auf das Positive gerichtet war, gelang es ihm häufig, andere für Vergangenes und Erlebtes zu begeistern.

So wurde auch mir die Sehnsucht nach Forschung und Erkenntnis mitgegeben, die bis heute nicht versiegt ist. War es ursprünglich die allgemeine Kulturgeschichte, die mich in ihren Bann zog, kamen bald spezielle Sachbereiche hinzu. Je mehr sie sich vertieften und inhaltlich abzugrenzen begannen, umso mehr spürte und sah ich, wie sehr sie mit meiner Familiengeschichte in Verbindung standen. Methodisch neu durchdacht und betrachtet, bekamen die vielen Erzählungen, Legenden und Behauptungen meines Vaters und seiner Geschwister plötzlich ein neues Gesicht. Sie begannen, nachvollziehbar und damit in einem neuen Sinn „wahr“ zu werden. Egal, ob ich mich mit den Wurzeln des Paddelsports, der frühen Lebensreformbewegung, der Fotografie oder der Tourismuswerbung beschäftigte, überall gab es zahlreiche Anknüpfungspunkte im Leben meiner Vorfahren.

In diesem Sinne lässt sich auch das Anliegen für dieses Buch klar definieren: Ich möchte, aufbauend auf persönlichen Bezugsquellen (Großvater/Vater), einer Landschaft (steirisches Weinland) und seinen Menschen ein Lebensgefühl vermitteln, welches einerseits äußerst selektiv und andererseits möglichst vielfältig für all jene sein soll, die sich mit der Generation der Großväter und -mütter oder aber mit der Geschichte des steirischen Weinlandes, seinen Bewohnern, ihren Lebensformen und Produkten in einem Zeitraum von etwa 1880 - 1935 beschäftigen wollen.

Um dabei der spannenden Vielfalt des damaligen Lebens und seiner individuellen Ausformung breiten Raum zu geben, wird in allen Kapiteln eine Brücke geschlagen von selbst Erlebtem, Überliefertem, Erforschtem und Erfühltem zur allgemein zugänglichen, aber dennoch speziell ausgewählten Geschichts- und Fachliteratur eines faszinierenden Stückes europäischer Landschaft. Die Ergänzung durch historische Aufnahmen versucht visuell zu verdichten, was im Textteil ausführlich beschrieben wird. Letztendlich soll die Publikation in populär-historischer und leicht lesbarer Form ergänzen und vernetzen, was viele Autoren vor Ort bereits speziell und detailgetreu aufgearbeitet haben.

Raimund Ločičnik — Steinbach, im Frühjahr 2004

2. Leben im steirischen Weinland anno dazumal

Jugend in Cilli

24. September 1879: Josef W. Stalin erblickt das Licht der Welt. Russische Nihilisten verüben drei Attentate auf den Zaren, von denen keines eine nachhaltige Wirkung zeigt. In Spanien wird die sozialistische Arbeiterpartei gegründet und Fjodor M. Dostojewski schreibt den berühmten Roman „Die Brüder Karamasow". Henrik Ibsen sieht das Zeitalter der Frauen über Europa hereinbrechen und verewigt seine Visionen in dem mitreißenden Schauspiel „Nora oder ein Puppenheim". Leo Tolstoi konzipiert die „Beichte" - eine Bekehrung zu einem religiösen Sozialismus. Paul Klee, der Mitgestalter der modernen Malerei, wird in diesem Jahr geboren und Anton Bruckner vollendet seine 6. Symphonie in A-Dur.

Europa ist voller Veränderung und der Begriff „Geschichte" wird ebenso zu einem geflügelten Wort wie „Nationalität" und „Muttersprache".

In Cilli, der malerischen, kleinen Stadt an der Sann, bahnt sich ein junger Mann den Weg durch die morgendliche Menschenmenge. Fast krampfhaft umfasst seine Hand ein Stück Papier, das für ihn die Welt bedeutet. Es ist sein Gesellenbrief, der ihm den Abschluss seiner Schuhmacherlehre bestätigt. Der Vater hat ihm zu Hause ein paar Kreuzer zugesteckt und fieberhaft denkt er nun nach, was er damit anstellen soll. Groß ist der Reiz, damit ins „Cafe Zentral" beim Rathaus zu gehen, weil sich dort die Magnaten, Kaufleute und Bürgerstöchter von Cilli treffen, aber es geziemt sich nicht für den Sohn eines Häuslers und eines slowenischsprachigen noch dazu.

Nach einigem Überlegen entscheidet er sich für den Gasthof „Krusic" in der Laibacherstraße, weil er dort vielleicht ein paar Freunde aus seinem Heimatort St. Peter zu treffen hofft. Kaum angekommen, zieht er noch einmal behutsam seinen Gesellenbrief aus dem Sakko, um ihn Wort für Wort zu lesen: „Womit von uns Endgefertigten bestätigt wird, dass Franz Locicnig aus St. Peter im Sanntal, 19 Jahre alt, seit 5. Juli 1876 bis zum 24.ten September 1879 in der

Lehr stand, seit dieser Zeit bis zum heutigen Tage als Schumacher Lehrjung gestanden..., so wird derselbe als brauchbarer, fleißiger Geselle Jedem Herrn Meister anempfohlen."

„Herr Ober, ein Bier, wenn möglich ein Zlatorog aus Lasko, bitte." Skeptisch mustert der Kellner den jungen, schmächtig wirkenden Gast, dann dreht er sich weg und zapft ihm sein Bier. Franz Ločičnik, mein Großvater, hat es geschafft, den Sprung heraus, aus der armen, kleinbäuerlichen Familie des „Viertelhüblers" Josef Lotschitschnik, heraus in die Welt der Handwerker und Besserverdiener.

Cilli ist zur Zeit seiner Lehre eine lebendige und im Umbruch begriffene, typisch altösterreichische Kleinstadt. Die engen Gassen sind von morgens bis abends mit Menschen voll gepackt. Neben dem Bäcker, der sein Brot und Gebäck ausführt, sind die Fabrikarbeiter die Ersten, die auf den Straßen zu sehen sind, wenn sie ihrem schweren Tagwerk entgegengehen.

Kaum zwei Stunden später wälzen sich schwere Fuhrwerke Richtung Zentrum und es wimmelt von Bauern, die mit ihrer Ware zum Markt drängen. Die meisten Bürger von Cilli werden frühmorgens von der Trompete aus der nahen Kaserne geweckt, in der das berühmte 87. Infanterieregiment stationiert ist.

Noch bevor die Stadt endgültig erwacht, müssen die unzähligen Bäuerinnen die Plätze beziehen, um ihre Ware herzurichten und feilzubieten. Das Angebot ist reichhaltig und bunt: Gemüse, schön geschlichtet, Salate, Kartoffeln in großen Körben, Mais, Milch, Topfen, Käse, Eier, Fett, Geflügel, Kaninchen, kurzum, alles, was das Herz begehrt. Auf dem Hauptplatz, rund um das Mariendenkmal, haben die italienischen Händler ihre Stände, auf denen sie Südfrüchte und Gewürze anbieten, und am Kirchenplatz stehen die Krämer mit ihren Töpferwaren und allerlei Geschirr. Holz, Kohle und Stroh bekommt man am Kaiser Franz Joseph Platz.

Etwa um sieben Uhr finden sich die ersten Kunden ein und zwei Stunden später ist es rund um die Marktstände lebendig wie in einem Bienenstock. Köchinnen und Dienstmägde der bürgerlichen

Familien drängen sich mit großen Körben rund um die Standln und feilschen lautstark mit den Marktfrauen um den Preis. Dabei wird hauptsächlich slowenisch gesprochen. Nur die Dienstmägde der besonders angesehenen deutschen Bürgerfamilien sprechen das so genannte „Küchendeutsch", um zu zeigen, wie gut sie diese Sprache schon erlernt haben.

Besonders groß ist der Andrang immer bei jenem Stand, wo man die hervorragenden Würstel aus Wiener Neustadt und den echten Olmützer Quargel bekommt. Auch ein Eisverkäufer bahnt sich im Sommer mit seinem Handwagen den Weg durch die dichte Menschenmenge und lässt vor allem die Herzen der Kinder höher schlagen, die mit ihren Gouvernanten unterwegs sind.

Mit lautem Peitschenknallen versuchen die Fuhrleute auf sich aufmerksam zu machen, um ihre schwere Last sicher und ohne Unfall an ihr Ziel zu bringen. Auch Soldaten gehören zum alltäglichen Straßenbild von Cilli. Meist marschieren sie in Kolonnen, mit Trommler und Trompeter an der Spitze, zu ihren Übungsplätzen außerhalb der Stadt. Kurz vor acht Uhr morgens machen sich auch die Gemeinde- und Staatsdiener auf den Weg in ihre Kanzleien, nicht ohne zuvor noch schnell auf einen „kleinen Schwarzen", einen „Verlängerten" oder eine „Melange" in eines der zahlreichen Cafehäuser zu gehen.

Auch die Müßiggänger von Cilli sind um diese Zeit schon auf der Straße: Meist sind es Arbeitslose und Insassen des städtischen Armenhauses, die ihr weniges Geld in Bier und Schnaps umsetzen. Überhaupt sind alle Lokale den ganzen Tag über bestens frequentiert. Wirtshäuser und Gasthöfe sind der Mittelpunkt des gesellschaftlichen Lebens von Cilli, in denen man Abwechslung von manch alltäglicher Tristesse oder auch nur Zeit zum Diskutieren sucht.

Franz Ločičnik reicht das Geld gerade noch für ein zweites Bier und tatsächlich trifft er auf einen Freund, der ihm einen grandiosen Vorschlag an diesem herrlichen Tag macht: „Loč, komm mit zur Sann, wir gehen baden." Gesagt, getan. Die Zeit ist ohnehin rar und bald heißt es für die beiden, sich dem harten Arbeitsalltag zu stellen.

Im Dienst des Doppeladlers

Nach Abschluss seiner Lehrzeit als Schuhmacher im Jahre 1879 bleiben Franz Ločičnik noch drei Jahre, um auf die „Ster" (Wanderschaft) zu gehen. Dann beginnt ein anderer Wind zu wehen. Das Reich ruft nach den wehrfähigen Männern und stellt dabei eine halbwegs sichere Zukunft in Aussicht. 1882 wird Franz Ločičnik gemustert und dem Landwehrregiment Nr. 3 zugeteilt. Aus dem schmächtigen Burschen ist mittlerweile ein kräftiger, junger Mann geworden. Die militärische Führung schlägt ihm vor, zu den Pionieren zu gehen. Er willigt ein und wird zum „Sappeur" ausgebildet. Dann meldet er sich freiwillig für die Ausbildung zum Unteroffizier und verpflichtet sich damit, 12 Jahre bei der Armee zu bleiben. Ein hartes, entbehrungs-, aber ebenso abwechslungsreiches und spannendes Leben beginnt.

Aufgrund seiner kräftigen Statur wird Franz Ločičnik in die so genannte „Genietruppe" eingereiht. Vorbedingung für die Aufnahme in diese besonders anspruchsvolle Pionierabteilung ist eine mindestens zweijährige Truppendienstleistung und die Absolvierung des höheren Geniekurses. Die Aufgaben dieser Einheit bestehen in Friedenszeiten im Entwurf, der Ausführung und Erhaltung von Befestigungen, dem Entwurf und der Ausführung von Militäretablissements und dem Einsatz beim Bahnbau.

Die Geniemannschaft wird zuerst zwei Jahre allgemein ausgebildet, dann drei Jahre als Sappeure oder als Mineure. In erster Linie reiht man Leute mit handwerklicher oder technischer Vorbildung in die Genietruppe ein. Im Zuge einer Heeresreform geht 1877 der gesamte Baudienst des Heeres in die Kompetenz des Geniestabes über. 1883 kommt es zur Errichtung des Eisenbahn- und Telegrafenregiments, was eine Reduzierung der Stände zur Folge hat. Die gesamte Mannschaft wird daher auch praktisch im Bahnbau ausgebildet, die Offiziere werden den Bahnbauten zugeteilt und im Betriebsdienst geschult.

Immer häufiger wird auch mein Großvater beim Bahnbau eingesetzt und die Welt der Viadukte, Tunnel und Brücken beginnt ihn mehr und mehr zu faszinieren. Durch diese Tätigkeit kommt er in die entlegensten Gegenden von Istrien, Kroatien und Bosnien. Von

1894 bis 1903 ist Franz Ločičnik dann als Reservist beim Landsturm Kommando Nr. 26 in Marburg eingetragen. Mit 42 Jahren hat er seiner Pflicht „vollkommen genügt", wie die Entlassungsurkunde vom 31. Dezember 1903 bescheinigt.

Was für eine Gemeinschaft ist nun diese Armee, in die sich mein Großvater für 12 Jahre bedingungslos einfügen lässt? Als physische Macht ist die Armee eine der Säulen des riesigen Reiches, eng verbunden mit der geistigen Macht der Kirche, die dem Heer in seiner Bedeutung fast ebenbürtig ist. Von Zeit zu Zeit treten beide gemeinsam auf, bei Feldgottesdiensten, bei Fahnenweihen und an Staatsfeiertagen. Für viele Offiziere bietet die Armee so etwas wie „Heimat", ein spezifisches Milieu, das sie von der Jugend bis zum Austritt oder gar bis zum Tod umfängt. Oft geht diese Zugehörigkeit über mehrere Generationen, weil die Armee Sicherheit und festen Halt verspricht. Die Ideologie ist ganz auf den Kaiser ausgerichtet und auf eine übernationale Reichsidee, zumindest bis gegen Ende des 19. Jahrhunderts.

Bis 1912 dauert der allgemeine Militärdienst drei, dann zwei Jahre. Unteroffiziere müssen 12 Jahre dienen und haben im Anschluss Anspruch auf eine niedrige Staatsstelle. Nicht selten werden die Rekruten als „Tornisterkinder" bezeichnet, die von Garnison zu Garnison ziehen, immer im Bewusstsein, zu den Beschützern des Reiches zu gehören. Als solche fühlen sie sich so lange, bis sie 1914 die grausame Realität überholt und die meisten von ihnen um das nackte Überleben kämpfen.

Jahre in Eibiswald

Als Franz Ločičnik Anfang der 90er Jahre nach seiner aktiven Militärzeit in Eibiswald ankommt, strebt eine turbulente Ära gerade ihrem Höhepunkt zu. Der Börsekrach von 1873 hat tiefe Spuren hinterlassen und die Menschen spüren, dass sich die bisher halbwegs friedliche Welt nach der Niederlage der Österreicher gegen die Preußen bei Königgrätz immer rascher zu drehen beginnt.

Auch wenn das Leben bei seiner Ankunft in Eibiswald noch etwas „ältväterisch" wirkt, vollzieht sich doch hinter den Kulissen ein markanter Lebenswandel. Schon Mitte der 70er Jahre führen zahlreiche Handwerker, die nach Eibiswald übersiedeln wollen, „die gegenwärtigen Zeitverhältnisse und die Ausbreitung von Industrie und Bergbau sowie den bald zu erwartenden Bahnverkehr" als Beweggründe für ihr Handeln an. Auch Franz Ločičnik und viele seiner „windischen Landsleute" folgen diesem Ruf des Fortschritts und der Konjunktur.

Die Bevölkerung in dem bis dahin kleinen, verträumten Ort nimmt schlagartig zu. 1879 werden in Eibiswald 495 Einwohner gezählt, 1905 sind es bereits 1.173, die in 140 Häusern wohnen. Auch die Strukturen der Bevölkerung ändern sich. Eine Mittelschicht entsteht, der Ärzte, Notare, Rechtsanwälte, Beamte und Unternehmer angehören. Mit der Ausbreitung der Mittelschicht und der Arbeiterschaft entsteht auch eine neue Gruppe von Konsumenten, die Geschäfte, Wirtshäuser und Cafes rasch zunehmen lässt. Allein um den Kirchplatz öffnen vier Gasthäuser innerhalb kürzester Zeit ihre Pforten.

1891 richtet Heinrich Kieslinger in der so genannten „Schusterkeusche" ein vornehm ausgestattetes Cafe ein, in dem man sogar „Billard" spielen kann. Auch im Haus Nr. 5, ebenfalls einem früheren Schusterhaus, beginnen Johann und Albine Aufhauser 1899 mit dem Betrieb einer Kaffee- und Branntweinschenke. Daneben erzeugen sie auch Limonaden und Sodawasser. Im Haus Nr. 94 betreibt das Ehepaar Johann und Maria Pichler seit 1887 ein gut gehendes Kaufhaus, zu dem auch eine Filiale in Hörmsdorf gehört, in welche Franz und Maria Ločičnik wohl öfter einkaufen gingen.

Eine besonders wichtige Rolle spielt die Entwicklung der Arbeiterschaft, nicht nur sozial, sondern vor allem politisch. In Eibiswald lassen sich mehrere Gruppen deutlich unterscheiden: Da gibt es die Arbeiter im Stahlwerk, die Arbeiter in den Glashütten und die Bergleute. Sie alle müssen unter unmenschlichen Bedingungen, bei elf- bis zwölfstündigem Arbeitstag, nahezu ohne Urlaub, schwerste körperliche Arbeit verrichten. Neben diesen Schwerstarbeitern gibt es aber auch zahlreiche Hilfsarbeiter und das Zuliefergewerbe, zu dem auch mein Großvater als Schuhmacher gehört.

Sechs bis acht Schuhmachermeister waren um 1900 im Markt tätig, darunter seit 1906 der bezeugte Johann Anderle, der in guten Zeiten bis zu vier Gesellen beschäftigte. Aber auch neue Gewerbe machen sich ansässig. So der Rauchfangkehrermeister Sebastian Marx, der aus Völkermarkt kommt und 1852 die Witwe des Maurers Anton Pratter heiratet, in deren Haus er einzieht, um dort sein Gewerbe auszuüben. Als Glasermeister wird Leopold Galligher genannt und 1909 zieht der Uhrmachermeister Hugo Haring nach Eibiswald, dessen Frau Josefine bald darauf als Modistin aufscheint.

Daneben gibt es noch den Hutmacher Josef Rohrbacher, den Fotografen Nikolaus Strametz und das Apothekerehepaar Anton und Elsie Lill, die in Eibiswald die neuen, umfangreichen Bedürfnisse der Bevölkerung zu befriedigen suchen. Für die geistige Bildung und die immer wichtiger werdenden Tagesinformationen sorgt der Buchbinder Pöltl, der neben Büchern auch Zeitungen zum Verkauf anbietet.

Das Stahlwerk und der Kohlebergbau

Die Roheisen-Erzeugung der Steiermark, welche zu Anfang des 19. Jhs. nur magere 20.000 Tonnen beträgt, erreicht 1882 mit 161.000 Tonnen ihren vorläufigen Höhepunkt. Die Steiermark ist in dieser Ära jene Provinz in Österreich, welche die größte Roheisenerzeugung aufweisen kann.

In dieser Glanzperiode der Eisenproduktion werden in der Steiermark „concessionierte Feuer“ von 271 Hammerwerken gezählt. In der Untersteiermark bestehen die Hütten von Graz, Krems, Pichling, Gradenberg, Store und Eibiswald. Die Monarchie verdankt der steirischen Eisenindustrie auch die Einführung des Martinverfahrens, mit dem die ersten Versuche 1868 in Kapfenberg gemacht werden. Um 1885 stehen Martinshütten in Neuberg, Graz, Donawitz, Mürzzuschlag, Zeltweg und Eibiswald in Betrieb.

Wie so oft im Zeitalter der Industrialisierung erlebt das Stahlwerk Eibiswald binnen kürzester Zeit einen unglaublichen Aufschwung und wird damit zum größten „Brötchengeber“ der Region. Und wie so oft kommt auch das „Aus“ ziemlich überraschend und stürzt Eibiswald und die umliegenden Orte in eine bisher nie gekannte Depression.

1870 tritt der Kärntner Ferdinand Knaffl in das wettbewerbsschwache Werk ein und wird leitender Ingenieur. Seine Aufgabe ist es, die Hütte im einsetzenden Wettlauf mit der Technik auf den letzten Stand zu bringen. Unter seiner Führung entsteht zunächst eine neue Anlage mit sechs Siemens-Gussstahlöfen und einem dazugehörenden Stahlstreckwerk. In Tiegeln wird hier hochwertiger Guss- und Tiegelstahl von internationaler Qualität erzeugt. Die „reine" Eisenerzeugung wird aus Wettbewerbsgründen 1875 eingestellt. Eibiswald gilt ab diesem Zeitpunkt als modernes Stahlwerk mit besten Zukunftsaussichten.

Die anfänglich äußerst positive Entwicklung wird aber bald durch zwei einschneidende Ereignisse unterbrochen. Im November 1875 erfolgt der Konkurs von Dr. Faber, dem Besitzer des Werkes, der Eibiswald daraufhin angeblich „fluchtartig, bei Nacht und Nebel" verlässt. Noch schwerwiegender ist das zweite Ereignis: Als es 1873 endlich zum Bau der lang ersehnten Eisenbahnlinie in den Bezirk Deutschlandsberg kommt, wird diese von Lieboch nur bis Wies geführt und auf Eibiswald mehr oder weniger vergessen. Dadurch verschärft sich für das Werk, welches ohnehin mit hohen Frachtspesen zu kämpfen hat, die Überlebenschance dramatisch.

Trotz des Besitzwechsels bleibt Ferdinand Knaffl weiterhin Direktor des Stahlwerkes, welches er trotz der ungünstigen Rahmenbedingungen weiter modernisiert. 1889 steht in einer offiziellen Statistik der Martinsstahl an erster Stelle der Produktion, gefolgt vom Puddelstahl und dem Tiegelstahl. Der größte Teil von Letzterem geht an die Waffenfabrik von Josef Werndl in Steyr. Fast die Hälfte der Stahlproduktion wird aber im Werk selbst zu Werkzeugen sowie Blatt- und Spiralfedern verarbeitet. Eibiswald gehört damit zu den wenigen Werken in der Steiermark, welche hochwertige Federn erzeugen.

1895 wird Direktor Knaffl anlässlich seiner 25-jährigen Tätigkeit im Werk geehrt. Die Belegschaft des Werkes veranstaltet einen Fackelzug, der Markt ist beleuchtet und beflaggt und ein Festkommers wird abgehalten. Die Marktgemeinde ernennt ihn zum Ehrenbürger. Knaffl, hoch motiviert, führt das Werk mit viel Feingefühl und Geschick weiter, bis er im Jahr 1900 völlig unerwartet stirbt. Nur noch 5 Jahre sollten nun „seiner Hütte" noch Zeit bleiben, bevor die Schichtpfeife am 5. Mai 1905 zum letzten Mal ertönt.

Auch den Kohlegruben in und um Eibsiwald, die wirtschaftlich eng mit dem Stahlwerk verbunden sind, geht es nicht viel besser. Zunächst herrscht auch in dieser Branche eine auffallende Euphorie: 1857 sind 36 Bergleute in den Eibiswalder Bürgergruben beschäftigt, die wöchentlich 200 - 300 Zentner Kohle fördern. Die Kohle wird hier im Tagbau gewonnen. Dieses Aufkommen wird sich in den nächsten Jahren rapid vergrößern, denn auch in Feisternitz und Hörmsdorf ist man fündig geworden.

1883 lässt sich die Österreichische Alpine-Montan-Gesellschaft in Feisternitz das Augustgrubenfeld verleihen und teuft den 123 Meter tiefen Lauraschacht an der Grenze von Feisternitz und Hörmsdorf ab. Bereits um die Jahrhundertwende ist das relativ kleine Vorkommen ausgeschöpft und die ÖAMG muss, über die Saggau gehend, auf Hörmsdorf übergreifen. Sie lässt sich 1902 das Guidogrubenfeld verleihen und beginnt 1903 einen neuen Schacht abzuteufen. Doch bald nach dieser Ausweitung gerät der Kohlebergbau ins Stocken. Der Grund ist leicht zu erraten: Das Stahlwerk hat seine Pforten geschlossen und damit vor allem die kleinen Kohlegruben in Zugzwang gebracht.

Der Kohlebergbau in Pölfing-Brunn

Der Niedergang des Eisenwerkes in Eibiswald ist aber nicht der einzige Grund für die zunehmend schlechtere wirtschaftliche Lage des Ortes. Auch der Kohlebergbau in Pölfing-Brunn, Kalkgrub und Steyregg - also in unmittelbarer Nähe - wird wegen der besseren Infrastruktur und einer teilweise höherwertigen Kohle zur indirekten Konkurrenz.

Die Grube von Brunn wird erst im Jahre 1858 von Leopold Hirsch aufgeschlossen und 1859 an die Brüder Josef und Wenzel Radimsky verkauft. Daneben gibt es noch viele kleinere Stollen, da fast jeder Bauer, vom Kohlefieber ergriffen, - die Kohle liegt ja oft nur in Pflugtiefe - nach Kohle für seinen eigenen Bedarf schürft.

1853 steht der Bergbau in der Wirtschaft des Bezirkes Deutschlandsberg an erster Stelle. 10 Schächte und 44 Stollen fördern mit 17 Beamten und Steigern und 204 Bergleuten 270.000 Meterzentner Kohle.

Im überwiegenden „Unter-Tag-Abbau" mittels Schächten oder Stollen wird zuerst händisch das Hängende weggeräumt, dann die Kohle losgelöst oder mit Schwarzpulver in handgebohrten Löchern gesprengt und händisch geschrämt. Dann wird die Kohle auf Karren geladen, die meist von einer Seilwinde gezogen werden. Jeder Schacht hat eine eigene Förderanlage. Am Hauptschacht arbeiten eine Zwillingsfördermaschine mit 50 PS und eine Wasserhaltungsmaschine von 100 PS, die das Wasser aus den Gruben pumpt.

Das gewonnene „Hauwerk" wird in Stückkohle, Würfel, Förderkohle und Gries separiert und sodann in Waggons verladen. Von den Schächten und Stollen werden die mit Kohle beladenen Waggons auf einer eigenen Zweigbahn mit Lokomotivbetrieb zur Bahnstation Pölfing-Brunn befördert. Genau diese Bahnanbindung ist es auch, die Pölfing-Brunn dann im Wettbewerb mit Eibiswald die besseren „Karten" für die Zukunft sichert.

Die Kolonie

Da die Gruben Brunn und Schönegg zu Beginn des Jahres 1871 im Hinblick auf die im Entstehen begriffene Bahnverbindung mit Graz ausgebaut werden, braucht man mehr Arbeitskräfte. Die bis dahin im Bergbau beschäftigten Arbeiter sind in der Umgebung der Gruben beheimatet, die neuen Arbeiter kommen aber aus der Untersteiermark und aus Böhmen. Damit entsteht als Hauptproblem die Unterbringung der „Kumpel". Ein Teil der Mannschaften kann zunächst bei den Bauern Unterkunft finden. Außerdem bietet sich die Möglichkeit der Errichtung von Kasernen an. Als jedoch der in allen Teilen der Monarchie einsetzende Bahnbau Arbeitskräfte durch bessere Bezahlung abwirbt und die in schlechten Wohnverhältnissen lebenden Bergarbeiter diesem Anreiz in immer größerem Maße nachgeben, wird in der Wieser Kohlebergbau- und Handelsgesellschaft der Plan gefasst, zwischen den Dörfern Pölfing und Brunn, in unmittelbarer Nähe zu den neuen Schachtanlagen, eine Siedlung zu errichten. Diese große Arbeitersiedlung, genannt „Kolonie", die dann fast 80 Jahre Eigentum der Bergbauunternehmung bleibt, wird in den Jahren 1871 - 1873 erbaut.

1871 beginnt man mit dem Bau von 17 ebenerdigen Häusern, denen bereits ein Jahr später 81 und 1873 noch 30 Gebäude folgen.

Somit besteht die Kolonie bald nach ihrer Gründung aus 128 eingeschoßigen Arbeiterhäusern.

Der Abstand zwischen den einzelnen Reihenhäusern beträgt unterhalb der Bahnlinie durchschnittlich 17 m, oberhalb der Bahn ist er ungleichmäßiger. Von diesen Zwischenräumen werden jedem Haushalt im Durchschnitt 14 a zur Nutzung für Gärten überlassen. Im Bereich dieser Gärten haben die Siedler zahlreiche Schrebergartenhütten errichtet.

Das Leben rund um den Bergbau

Eng verbunden mit der Geschichte der Kohle ist auch jene der Glaserzeugung. So erleben die zu jener Zeit bestehenden Glashütten in Aibl, Vordersdorf und Wies ebenfalls eine Blütezeit.

Durch den wirtschaftlichen Aufschwung ändert sich auch das Alltagsleben. Die Strohdächer werden durch Schindel- und Ziegeldächer ersetzt und Pölfing-Brunn verändert durch den Bau von Häusern entlang der Hauptstraße sein Aussehen ebenso wie Wies.

Das Aufblühen des Bergbaues mit einer vermehrten Arbeiterschaft lässt den Bedarf an weiteren Gewerbebetrieben, wie z.B. an Fleischern, Bäckern und anderen Handelsbetrieben, ansteigen. Besonders das Gast- und Schankgewerbe nimmt einen großen Aufschwung. So wohnen allein in der Kolonie um 1885 mehr als 1500 Menschen, die größtenteils aus der Untersteiermark und aus dem Bezirk Leibnitz zugezogen sind und versorgt werden müssen.

Für das Kleingewerbe bedeutet dieser Aufschwung aber auch erhebliche Schwierigkeiten, denn es sind kaum Arbeitskräfte zu bekommen, da der Bergbau wesentlich bessere Bezahlung bietet. Außerdem haben die Gesellschaften ihre eigenen Betriebe, wie Schmiede, Werkzeugmacher, Zimmerei, Tischlerei, aber auch Schneiderei, Schuhmacherei und sogar eine eigene Backstube. Die Lebensmittelversorgung der Arbeiterschaft erfolgt durch ein zentrales Fassungsmagazin.

Arbeiteralltag

1922 erhält die Firma Stein die Kinolizenz und führt die ersten, viel bestaunten Stummfilme vor. Der „Zuckerlkramer" Rainer bekommt eine Konzession und stellt eine Verkaufshütte neben der Straße auf und in Jagernigg richtet Max Rosl einen Gemischtwarenhandel ein.

Mit zunehmender wirtschaftlicher Verarmung sind die Arbeiter für jede sich bietende Einnahme dankbar. Für wenige Heller oder Groschen geht man Schwämme suchen oder Ziegel putzen, man geht Holz klauben oder arbeitet nur für Kost und Logis bei den Bauern am Hof und im Feld. Die Menschen haben relativ viel Zeit und gründen eine Reihe von Vereinen, aber auch politische Organisationen.

Schon ab 1846 wird eine Postbotenstrecke mit „Pferdekaleschen" von Graz über Premstätten, Preding und den Radl nach Mahrenberg geführt. In Eibiswald wird eine k.k. Postexpedition errichtet. Von dort aus lässt sich auch der Bereich der Herrschaft Burgstall versorgen. Erst ab 1873 wird durch die Eisenbahn eine tägliche Postverbindung möglich.

Sittlichkeit

Um der sittlichen und moralischen Gefährdung in der Kolonie Einhalt zu gebieten, verfügt der Gemeindevorstand im Jahre 1910, dass der Aufenthalt von Personen weiblichen Geschlechts in den Burschenwohnungen verboten ist. Auch damals schon hat man Probleme mit der Lärmbelästigung, denn es wird angeordnet, das Peitschenknallen im Ort zu unterlassen. Zuwiderhandelnde sollen mit zwei Kronen bestraft werden.

Die Gesetzgebung um 1920 sieht außerdem vor, dass zur Wahrung der Sonntagsruhe während der Zeit der Gottesdienste das Kartenspielen und das Kegeln verboten ist.

Mit dem Einsturz des Pölfing-Brunner Hauptschachtes am 15. Juni 1897 wird ein markanter wirtschaftlicher Rückgang in der Region ausgelöst. Durch die Schließung von weiteren Schächten um 1900 erfolgt vor allem eine große Abwanderung der Bergleute aus dem gesamten Bezirk, der sich auch mein Großvater anschließt. Nun muss er erneut auf die Suche nach einem Arbeitsplatz gehen, um sich und seine Familie über die Runden zu bringen. In Pölfing-Brunn allerdings kann man im Gegensatz zu Eibiswald die Wirtschaftskrise bald überwinden und der Bergbau strebt einem neuen Höhepunkt zu.

Die Eisenbahn ist ihr Schicksal

Es mag paradox klingen: Aber für viele Menschen ist die Eisenbahn direkt oder indirekt ihr Schicksal. Für die einen, weil sie durch den Bau der zahlreichen Eisenbahnlinien einen gut bezahlten Arbeitsplatz finden, für die anderen, weil sie von der Streckenführung nicht berücksichtigt werden und dadurch ihr Arbeitsplatz verloren geht.

Für manche, weil sie mit dem „Flascherlzug" nach Stainz eine wundersame Fahrt verbinden, die ihnen Heilung und Gesundheit verspricht, und für die Bergleute in Pölfing-Brunn, weil ihnen der Bahnbau indirekt neue Wohnungen verschafft. Eisenbahnzüge prägen sich aber auch in das Gedächtnis all jener ein, die 1914 in den Krieg ziehen und ihren Traum vom großen Sieg so lange nähren, bis sie die abscheuliche Realität zurück in ein Dasein holt, das dem Tod weit näher ist als dem fast schon unerträglich scheinenden Leben.

Auch meinen Großvater verbindet etwas Schicksalhaftes mit der Bahn. Zunächst hat ihm ihre Expansion einen zweiten hoch qualifizierten Beruf gebracht, der ihn in viele interessante Gebiete der südöstlichen Monarchie führt. Dann hat er die Eisenbahn schätzen gelernt als technisches Wunderwerk einer im Aufbruch befindlichen Epoche, um postwendend erkennen zu müssen, dass ihr Nicht-Vorhandensein die Wirtschaft in den Abgrund stößt, was Leid und Armut nach sich zieht. Letztendlich muss er dann zusehen, wie ein Teil seines Lebenswerkes unter dem Artilleriefeuer der Alliierten wie ein Kartenhaus in sich zusammenbricht.

Unabhängig von seinen ganz persönlichen Ambitionen weiß er jedoch genau, dass der Bahnbau zu den bedeutendsten Errungenschaften der langsam zu Ende gehenden Epoche gehört und dem Phänomen einer fast uneingeschränkten Mobilität zum Durchbruch verhilft.

Schon einige Jahre bevor er nach Eibiswald gezogen ist, entscheidet die Frage der zukünftigen Verkehrsanbindung das weitere Schicksal der Region rund um Deutschlandsberg. 1871 wird der Bau einer Anschlussbahn von Lieboch nach Wies beschlossen und im Frühjahr 1872 damit begonnen. Trotz einer Reihe von Auflagen, wie dem Bau von Brücken, Wasserdurchlässen, Bahnübergängen, Straßenverlegungen, Gebäudeablösungen und der Neueindeckung von nahe liegenden, strohgedeckten Bauernhäusern mit feuersicheren Schindeln, ist der Bau im November 1872 faktisch fertig. 656 Arbeiter und 24 Pferde befanden sich ständig am Bau der 50 Kilometer langen Bahnstrecke. Schon am 12. Jänner 1873 findet die feierliche Eröffnung statt. Der öffentliche Verkehr für Personen und Sachen wird einen Tag später aufgenommen. Die Züge benötigen zwischen drei und dreieinhalb Stunden für die 50 Kilometer lange Strecke und verkehren täglich.

Etwas später, am 27. November 1892, wird mit der Eröffnung der Schmalspurbahn Preding-Wiesdorf-Stainz, des so genannten „Flascherlzugs", die Bahnlinie erweitert. Diese Schmalspurbahn, die auch heute noch an Wochenenden verkehrt, wird von den Steiermärkischen Landesbahnen erbaut und von der Südbahngesellschaft verwaltet. Gerade ihre Bedeutung wäre ohne den Bezug zum weit über die Grenzen des Bezirkes bekannten Wunderheiler „Höllerhansl" nicht bis in die Gegenwart erhalten geblieben.

Es gehört zu den besonderen Merkmalen jener Zeit, dass die Eisenbahn überall dort zu Innovationen führt, wo die Menschen bereit sind, sich der Welt zu öffnen. Genauso wenig, wie sich die nordösterreichische Industriemetropole Steyr entschließen kann, den Westbahnanschluss vehement über ihr Stadtgebiet durchzusetzen, genauso wenig gelingt es den Eibiswalder Bürgern und Industriellen, den Weiterbau der Bahnlinie von Wies in ihre Gemeinde zu betreiben. Das Tor in die Welt bleibt verschlossen, während es anderswo weit aufgestoßen wird.

Österreich-Ungarn revolutioniert den Bahnbau

Was immer die Gründe für das gesteigerte Interesse der österreichischen Staatsverwaltung und der Privatinvestoren für den zügigen Ausbau des Bahnnetzes und seiner Betriebssysteme sind: Faktum ist, dass Österreich-Ungarn den Bahnbau revolutioniert und seine Fördertechnik in der zweiten Hälfte des 19. Jahrhunderts nachhaltig verbessert. Gerade weil von diesem vielleicht längst tot geweihten Großreich ein derartiger Drang zur Mobilität ausgeht, ist die Betrachtung der Details mehr als interessant.

Brücken, Tunnel und Viadukte

Im österreichischen Kernland mit überwiegend Hochgebirgscharakter stellen Brücken- und Tunnelbauten wichtige Streckenpunkte in allen Eisenbahnnetzen dar, die dem Lokomotivbetrieb beträchtliche Probleme bereiten. Schon 1840 baut die private Wien-Raaber-Bahn zwischen Gumpoldskirchen und Pfaffstätten einen 165 m langen, doppelspurigen Tunnel, der damals wie ein Weltwunder bestaunt wird. Die ausgeprägte Gliederung der Ostalpen durch große, von West nach Ost verlaufende Längstäler, zwingt die Eisenbahnbauer zu außergewöhnlichen Ideen zwecks deren Überwindung. Karl Ritter von Ghega wagt dies als Erster im Projekt und Bau der Semmeringbahn (1848 - 54) mit 15 Tunneln von 15 - 1.430 m Länge sowie vielen Viadukten.

Kühn ist die Anlage dieser Viadukte, die damals von ihren Erbauern bar jeder Erfahrung und im Vertrauen auf solide Konstruktion und Bauausführung sowohl in die engsten Gleisbogen als auch in die stärksten Neigungen gelegt werden. Ihre Bemessung ist so reichlich, dass die Fundamente auch heute noch bei weitaus höheren Achslasten und Geschwindigkeiten jeder Belastung und der Aufnahme der gestiegenen Kräfte entsprechen. Auch das reichlich bemessene Lichtraumprofil der Semmeringbahn beeinflusst die Entwicklung des österreichischen Bahnbaues nachhaltig.

Gemeinsam mit italienischen Spezialisten für Steinbrücken und gemauerte Bogenformen werden die Österreicher und ihre Ingenieure innerhalb kürzester Zeit zu den führenden Eisenbahnbauern in Europa, wenn nicht sogar weltweit. Nach dem Flusseisen gewinnt Flussstahl als Baumaterial bald die Oberhand und schließlich wagt man sich an Konstruktionen von großer Spannweite, was etwa bei der Arlbergbahn die Trisannabrücke aus den Jahren 1882 - 84 eindrucksvoll beweist.

Dampfrosse erobern die Landschaft

Es zählt zu den berühmtesten Gemälden des 19. Jahrhunderts: William Turners „The Great Western Railway“, ein Hymnus auf die Technik, den Fortschritt und deren Geschwindigkeit. Österreich-Ungarn zählt zu den ersten Nationen des Kontinents, in denen man diesem Trend breiten Raum zollt und neue Wege der Entwicklung geht.

Vielfach wird vergessen, dass Österreich in der Entwicklung der ersten europäischen Eisenbahnen eigentlich eine Sonderstellung einnimmt, weil die Dampflokomotive nicht die ursprüngliche Antriebskraft, sondern bereits jene der zweiten Baustufe ist. Die erste öffentliche Bahn des Kontinents war bekanntlich die der k.k. privilegierten Ersten Eisenbahn-Gesellschaft, die von 1827 auf der Strecke Budweis-Linz mit Pferden betrieben wurde. Die Betriebserfahrungen dieser von Gerstner projektierten Bahn helfen ohne Zweifel bei der Errichtung und der Inbetriebnahme der beiden ersten österreichischen Eisenbahnen mit Lokomotivbetrieb.

Zur großen Überraschung entwickelt sich früher als in Deutschland eine heimische Industrie, angeführt von der Maschinenfabrik der Wien-Raaber-Bahn, die schon 1840 ihre ersten Lokomotiven und viele Waggons liefert. Die zwei heimischen Lokomotivfabriken sind in der Folge mit Aufträgen so gut versorgt, dass ihre Produktionseinrichtungen nicht immer ausreichen, um den steigenden Bedarf zu decken. So kommen die ersten Gebirgsmaschinen der Bauart Engerth von Kessler aus Esslingen und von Cockerill bei Lüttich. Auch Maffei in München kann sich zu jener Zeit als guter Lieferant, hauptsächlich von Personenzugmaschinen, einschalten.

Mit kräftiger Hilfe von leitenden Beamten der Nordbahn entsteht schließlich die Floridsdorfer Lokomotivfabrik und liefert 1871 ihre ersten Produkte. 1900 erfährt der Lokomotivenbau mit Inbetriebnahme der Ersten Böhmisch-Mährischen Maschinenfabrik in Prag-Liben eine beachtliche Weiterentwicklung, ebenso durch die Lokomotivenbauabteilung der Skodawerke in Pilsen.

Werkstätten und Heizhäuser

Instandhaltung und Bereitstellung der Dampflokomotiven für die

Zugförderung sind in den ersten Jahrzehnten bei den meisten Privatbahnen und zunächst auch bei den k.k. Staatsbahnen in der Hand der Werkstätten zusammengefasst. Keimzelle für die Errichtung eigener Hauptwerkstätten bei den kkStB ist die von der Kronprinz-Rudolf-Bahn übernommene Werkstätte in Knittelfeld.

Wasser und Brennstoffversorgung
Für die Wasserversorgung entstehen nach und nach Pumpanlagen und Reservoirs, man lernt, die Wasserversorgung dort vorzunehmen, wo möglichst weiches Wasser vorhanden ist, und richtet auch Wasserkräne und Putzgruben für die Feuerbehandlung und das Ausschlacken der Kessel ein.

Je nach Lage des Streckennetzes und der Verbindung zu Kohlegruben beheizen die einzelnen Bahnen ihre Lokomotiven mit grundverschiedenen Qualitäten. So sitzt die Aussig-Teplitzer-Bahn sozusagen direkt auf der Braunkohle, während die Kaiser-Ferdinands-Nordbahn zwischen Ostrauer und oberschlesischer Steinkohle wählen kann. Demgegenüber fährt die Südbahn meist gemischt, wobei im südöstlichen Teil des Netzes Köflacher Braunkohle und Trifailer Glanzkohle vorherrschen. So ist auch der Heizwert dieser unterschiedlichen Sorten sehr abweichend. Erst durch die schrittweise Übernahme der Privatbahnen durch die kkStB kommt eine gewisse Angleichung zustande.

Kessel-Auswaschen
Einen wenig beachteten, aber für die Betriebsbereitschaft der Lokomotiven und die Haltbarkeit des Kessels sehr wichtigen Vorgang stellt das Auswaschen des Kessels dar. Ursprünglich und einige Jahrzehnte hindurch ist es üblich, das Feuer zu löschen, den Kessel völlig erkalten zu lassen, dann das Kesselwasser abzulassen, mit Kaltwasser zu spülen und ihn sodann über die dafür auf dem Kesselscheitel angebrachte Füllschale wieder betriebsfähig zu füllen. Dieser Vorgang ist nicht nur zeitraubend und umständlich, sondern bietet auch nur wenig Gewähr, dass ein Maximum an Verunreinigungen ausgespült und nicht in Nestern, in Kanten und Ecken, vor allem aber im Stahlkessel verbleibt. Die kkStB führen in der Folge das Auswaschen mit Heißwasser ein, was nicht nur schneller und praktischer, sondern auch weit wirkungsvoller ist.

Bremstechnik
Besondere Aufmerksamkeit genießt in der Frühzeit der Eisenbahngeschichte die Bremstechnik. Viele Privatlokomotiven besitzen zum Zeitpunkt der Übernahme in den Dienst der kkStB noch keine Einrichtung für eine durchgehende Bremse, ja oftmals nur eine Tender Handbremse und keine für die Lokomotive selbst. Der Betrieb für handgebremste Züge wickelt sich langsam und umständlich ab und ist nicht ungefährlich.

Bahnhofsbauten
Kaum in einem Land haben sich so viele prachtvolle Bahnhofsbauten aus der Frühzeit der Eisenbahn erhalten wie in Österreich. Sowohl die k.k. Staatsbahnen als auch die Privatbahnbetreiber gehen sehr bald zu einem Typenbau für Bahnhöfe verschiedenster Größe über und lassen sich diese Gebäude teilweise von renommierten Architekten entwerfen.

Bereits um 1850 ist man sich über die in einem Bahnhof zweckmäßig zu errichtenden Räumlichkeiten im Klaren und bis zum Aufkommen einer modernen Fernmeldetechnik sowie des Reisepublikums des 20 Jhs. ändert sich nicht viel an diesen Vorgaben. Für die Reisenden benötigt man Wartesäle, nach den drei Wagenklassen getrennt, wobei man die 1. und 2. Klasse meistens zusammenlegt. Das Vestibül dient dem Fahrkartenverkauf und der Gepäcksaufgabe. Diese Räumlichkeiten schließen sich andererseits den Büroräumen des Betriebes an. Je nach Größe des Bahnhofs werden die Zimmer für den Fahrdienstleiter, für den Bahnhofsvorstand und für den Telegrafendienst eingerichtet, bei größeren Anlagen mit abgesonderten Kassenräumen und weiteren Büros. Die Diensträume stehen bei kleineren Haltestellen oft mit der Wohnung des Wärters, bei größeren mit jener des Vorstands in Verbindung.

Größere Bahnhöfe erhalten für die ankommenden Reisenden einen unabhängigen Ausgang, an welchen eine Gepäcksausgabe anschließt. Den Reisenden stehen Aborte zur Verfügung, bei kleineren Bahnhöfen als frei stehende Holzhäuser, bei größeren im Aufnahmegebäude selbst. An die Bahnhöfe einer gewissen Größenordnung knüpft sich bereits eine Restauration, oft beliebter Aufenthaltsort auch von Nichtreisenden. (Ort der Kommunikation!) Die

Restaurationsräume sind wie die Wartesäle in Klassen getrennt. Zu ihnen gehören eine Küche und höchstens eine Anrichte. Der Lebensmittelvorrat wird im Keller gespeichert.

In die dritte Generation der Jahre bis zum Ersten Weltkrieg fällt die Glanzzeit des Eisenbahn- und Bahnhofsbaues. Sie umfasst vom kleinen Dorfbahnhof der Lokalbahn bis zum erweiterten und technisch umfangreich ausgestatteten Stadtbahnhof jede Größenordnung und prägt einen Bahnhofscharakter, der vielerorts ein Jahrhundert überlebt. Hinsichtlich der Architektur lassen sich in den drei Generationen von 1850 bis 1914 stilistisch der Klassizismus, die Romantik und der Historismus zuordnen. Nachzügler in der Erweiterung bedienen sich nach der Zeit der Jahrhundertwende des Jugendstils. (Wiener Stadtbahnhöfe!)

Gleise und Signale

Zu guter Letzt noch einige Worte über den Gleisbau und seinen Einfluss auf den Lokomotivbetrieb. Am Anfang ist hauptsächlich die gegossene, kaum 1,5 m lange Fischbauchschiene üblich. Ihre Abnützung ist beträchtlich und die Bruchgefahr groß. Erst nach und nach kommen Schienen der heute noch üblichen Form in Gebrauch, zuerst nur drei und vier, später sechs Meter lang. Ab 1903 führen sowohl die kkStBen als auch die Südbahn ein neues, schweres Schienenprofil ein, welches Längen bis 15 m und eine Achslast von 16 t erlaubt.

Mit dem Stationierungsverzeichnis für Lokomotiven der kkStB vom 30. Juni 1914 ist der Nachwelt ein überaus wertvolles Dokument erhalten geblieben. Zwei Tage nach dem tragischen Attentat von Sarajevo abgeschlossen, zeigt dieses Verzeichnis den letzten Stand vor dem nur 31 Tage später ausbrechenden Weltkrieg. Die kkStB stehen am Zenit ihrer Geschichte, haben nicht nur eigene Bahnlinien erbaut, sondern auch die Mehrzahl der österreichischen Privatbahnen übernommen und in ihre Verwaltung einbezogen. Nur vier Jahre später ist auch dieser „letzte Stolz der Monarchie“ nur mehr ein Fragment seiner selbst und die Eisenbahngeschichte ein Teilaspekt des geschrumpften und ums Überleben kämpfenden Österreich.

Das Leben, faktisch betrachtet

Die bäuerliche Familie

Neben den Kleinbauern, die in begrenztem Umfeld Boden- und Viehwirtschaft betreiben, leben in den Ackerbauregionen Häusler, die ein kleines Haus und ein kleines Stück Land besitzen, das für eine Kuh, ein paar Ziegen, Schafe und diverses Kleinvieh Futter abgibt.

In den alpinen Streusiedlungs- und Einzelhofgebieten hingegen dürfen sie in den Bauernhäusern oder in den Nebengebäuden der großen Höfe (Inwohner) bleiben. Der Bauer lässt sie hier wohnen und verlangt anstelle einer Miete ihre Mitarbeit bei der Ernte und bei anderen Aufgaben während des bäuerlichen Jahreszyklus'.

Die bäuerliche Wirtschaft ist bis in das 19. Jh. nicht auf Gewinn ausgerichtet, sondern auf die Sicherung der eigenen Existenz. Die Frage, inwieweit Arbeitsaufwand und Ertrag in einem rentablen Verhältnis stehen, ist dabei irrelevant, aber sie beeinflusst natürlich die gesellschaftlichen Rahmenbedingungen der bäuerlichen Familie.

Während dem Bauern das Einkommen aus der Getreidewirtschaft und dem Viehverkauf zusteht, verwaltet die Bäuerin die kleineren Einkünfte aus dem Verkauf von Milchprodukten, Eiern und Geflügel. Sie dienen dem Zukauf der notwendigen Kosum- und Gebrauchsgüter, wie Salz, Stoffe etc., und dem Eigenbedarf der Frau und des Nachwuchses.

Die Geflügel- und Kleintierzucht ist vor allem im Einzugsbereich der Städte ein einträglicher Wirtschaftszweig des Bauernhauses. Eier, Hühner, Enten, Gänse und Karnickel werden von den Bäuerinnen auf die städtischen Märkte zum Verkauf gebracht, wo sie reißend Absatz finden.

Hart und risikoreich ist die Geburt der Kinder. Hebammen sind rar und kommen in den entlegenen Gegenden meistens zu spät. Aufgrund der hygienischen und sozialen Verhältnisse ist die Kindersterblichkeit ausgesprochen hoch. Für eine Geburt in Glashütten muss die Hebamme in Deutschlandsberg verständigt werden, die ihrerseits mehrere Stunden braucht, um den 1.275 m hoch gelegenen Ort am Fuße der Koralpe zu erreichen.

Das Aufziehen der Kinder erfolgt als integraler Bestandteil aller hauswirtschaftlichen Arbeits- und Lebensprozesse. Die Mutter legt den Säugling in der Küche oder am Feldrand ab, wenn sie zu arbeiten hat. Hier wird er oft lange alleine gelassen. Säuglinge und Kleinkinder werden häufig auch ihren älteren Geschwistern zur Beaufsichtigung übergeben.

Für viele europäische Regionen ist belegt, dass die Phasen erhöhter Arbeitsintensität in der Landwirtschaft mit erhöhter Säuglingssterblichkeit einhergehen. In anderen Gegenden sterben viele Kinder während der Hanf- oder Getreideernte, weil sie von ihren Müttern wegen der Feldarbeit vernachlässigt werden. Hinzu kommt, dass während der Erntemonate die Seuchen- und Infektionsgefahr besonders hoch ist.

In der Steiermark ist das uneheliche Kind einer Dienstmagd von seiner Mutter um 1920 auf einen Kostplatz in eine Häuslerfamilie gebracht worden. Als die Dienstmagd ihr Kind eines Tages unangemeldet besuchen will, findet sie das Haus versperrt. Eine Nachbarin erzählt ihr, dass die Ziehmutter im Taglohn bei einem Bauern arbeite und erst abends heimkomme. Als es der Mutter endlich gelingt, in das Haus einzudringen, findet sie das Kind auf dem Erdboden sitzend und vor sich hinweinend. Neben ihm steht ein Gefäß mit Pflaumen und einige Brotrinden liegen auf dem Boden.

Lernen auf dem Bauernhof erfolgt nicht so sehr durch Reden und Hören, sondern durch unmittelbare Teilnahme. Sie beschränkt sich keineswegs auf das oft romantisierte bäuerliche Vater-Sohn-Verhältnis.

Die Schule bleibt bis in das späte 19. Jh. eine den Prinzipien der bäuerlichen Welt gänzlich fremde, weil sie nicht empirisch organisiert ist. Sie bleibt, liest man autobiografische Texte durch, eine weithin unbedeutende Nebensache. Im Allgemeinen gilt die Regel, dass die Kinder nur dann zur Schule geschickt werden, wenn die Arbeit auf dem Hof dazu Zeit lässt. Ein regelmäßiger Schulbesuch findet oft nur während der Wintermonate statt, wird aber in alpinen Regionen durch die winterlichen Erschwernisse häufig behindert.

Weinbauern

Eine in vieler Hinsicht besondere Form bäuerlicher Landwirtschaft stellt der Weinbau dar: Hier kommt es früher als in anderen bäuerlichen Wirtschaftsformen zu einer relativ hoch entwickelten Geldwirtschaft.

Der Weinbau verspricht höhere Rentabilität als der Ackerbau. Weinbau ist von jeher markt- und exportgebunden. Die Produktionsweise des Weines begünstigt die Realteilung, die Aufteilung der Güter unter den Kindern. Eine Zersplitterung des Weingartenbesitzes der Weinbauern ist die Folge. Ihr steht jedoch die Herausbildung von großen Weingartenbesitzungen in den Händen kapitalkräftiger Bürger sowie geistlicher und weltlicher Herren gegenüber.

Da es in der Weinwirtschaft eine spezifische Winterarbeit nicht gibt, ist es nicht sinnvoll, über das ganze Jahr Gesinde aufzunehmen. Weinbauern gehen deshalb früh zur Taglohnarbeit über, was durch die geldwirtschaftliche Verflechtung des Weinbaues möglich ist.

Weinhauer, die zwar über einen eigenen Grundbesitz, aber nicht über ein eigenes Haus verfügen, sind durchaus zahlreich. Die Weingärten sind meist frei verkäuflich, sie können vererbt, verschenkt oder getauscht werden. Bis zur Grundentlastung 1849 müssen dem Grundherren nur eine bestimmte Menge Most oder Wein sowie eine Geldrente abgeliefert werden.

Die ungleichmäßige Auslastung der Weinhauer bewirkt in manchen Weinbauorten die Herausbildung einer doppelten Ökonomie: Eine gewerbliche Tätigkeit bietet sich als Ergänzung zur saisonalen Weingartenarbeit an. So verzeichnen Haushaltslisten aus niederösterreichischen Weinbaugebieten zahlreiche Hausbesitzer als „Hauer und Schuster“, „Hauer und Schmied“ oder als „Hauer und Weber“.

Inwohner und Häusler
Häusler, die das Gewerbe des Schusters oder Schneiders ausüben, gehen meist auf die „Ster", das heißt, sie ziehen von Haus zu Haus und von Hof zu Hof und nehmen hier Aufträge entgegen, die sie gleich vor Ort ausführen.

Die Einrichtung des Altenteils (Ausgedinge) soll die Versorgung der alten Menschen im Rahmen der bäuerlichen Hauswirtschaft sicherstellen. Der Altbauer und die Altbäuerin, mitunter auch noch deren unversorgte Kinder, bleiben in der Hausgemeinschaft. Sie beziehen entweder einen eigenen Raum des Bauernhofes oder ein eigenes kleines Auszugshaus, das neben dem Hauptgebäude errichtet wird.

In einer Gesellschaft, die den sozialen Status der Menschen wesentlich von ihrem Hausbesitz abzuleiten pflegt, ist das offensichtlich eine deutliche Minderung ihres Status.

Konsumverhalten
„Es fehlt nicht an Beispielen, dass das Mädchen seinen ganzen Erwerb um seinen Leib hängt und der Bursche seinen Sparpfennig in eine Taschenuhr, silberne Schnallen, mit Silber beschlagene Pfeifenköpfe von Meerschaum, welche Artikel ihm die Juden aufzuschwätzen wissen, steckt und das übrige verbraucht oder im Bier und Branntwein vertrinkt", schildert ein zeitgenössischer Autor das Konsumverhalten der jungen Leute um 1880.

Die Wohnverhältnisse
Um 1885: „Die Stube ist circa fünf mal fünf Meter groß. Darin befinden sich ein Kachelofen, wie es in allen Häusern üblich ist, dann eine Ofenbank, ein Bett, in dem nur die Eltern schlafen, ein Tisch und ein Webstuhl, der allein ein Viertel der Stube in Anspruch nimmt. Der Fußboden ist aus Lehm. Als Unterlage im Bett dient den Eltern loses Stroh und für uns Kinder genügen mit Stroh gefüllte Kartoffelsäcke, die tagsüber im Schuppen liegen und vor dem Schlafengehen hereingeholt werden. Im Winter sind sie eiskalt. Zum Zudecken haben wir nur alte Kleider, Nachthemden sind unbekannt. Wenn wir hinaus müssen, müssen wir auch im Winter bloßfüßig zum Misthaufen gehen", schreibt eine Bäuerin.

Die kleinen Häuser und damit auch die Häuser der Heimarbeiter sind fast durchwegs aus Holz oder Lehm gebaut. Nur selten finden sich gemauerte Gebäude.

Die Familien der Handwerker

Im Gegensatz zur bäuerlichen Produktionsweise kennt das zünftige Handwerk eine detaillierte, geregelte Berufsausbildung. Die Handwerkslehre mit einer abschließenden Gesellenprüfung und die darauf folgenden Gesellenjahre stellen ein gestuftes Ausbildungssystem dar, das mit dem Gesindedienst im Bauernhaus insofern vergleichbar ist, als es nicht nur Ausbildungszwecken, sondern auch komplexen gesellschaftlichen Zielen dient: Es zwingt den in Ausbildung Stehenden in die Hausgemeinschaft des Meisters und damit unter dessen hausväterliche Gewalt und reguliert auf diese Weise die Konkurrenz der Produzenten.

Im Unterschied zum Bauern, dessen gesellschaftliches Ansehen und dessen Stolz vor allem auf dem Umfang seines Grundbesitzes, seiner Viehherde und Ähnlichem beruhen, gründet sich das Ansehen des Handwerkers auf seine handwerklichen Fähigkeiten, letztlich auf die Güte seiner Produkte, auf seine sprichwörtlich gewordene „meisterhafte Arbeit“.

Heirat

Aus der Verbindung gewerblicher Selbständigkeit und der Heiratsfähigkeit ergibt sich, dass sich die Handwerksmeister meist erst nach dem 25. Lebensjahr verheiraten. Das Heiratsalter der Frauen liegt - sofern es sich um ihre erste Heirat handelt - im Durchschnitt etwa zwei Jahre darunter.

Die Kinder

Lange Stillzeiten, möglicherweise in dem Bewusstsein, damit die Zahl der Schwangerschaften geringer zu halten, die häufige Verwendung des „Zuzels“, um die Kinder ruhig zu halten, ja sogar das Einflößen von Opium, Mohnaufgüssen oder Branntwein ist überliefert. Zeitgenossen berichten auch über Praktiken der sexuellen Stimulation, um die Kinder zum Einschlafen zu bringen. Meist liegen die Säuglinge mit den Eltern im Bett, oft befinden sie sich während des Tages in jenem Raum, in dem gearbeitet wird.

Gewissermaßen erfährt das Kind im Vater die väterliche und die berufliche Autorität in Personalunion. Daraus resultiert, dass die leibliche und seelische Intimität zwischen Vater und Kind ihre engen Grenzen bzw. ihre ausgeprägt belehrenden und bestrafenden Züge erhält.

Gesellen

Die Integration der Gesellen in den Meisterhaushalt findet sich in allen mitteleuropäischen Regionen bis in das späte 19. Jh. Schon im 18. Jh. begegnen wir aber immer wieder verheirateten Gesellen in Gewerben, die nicht hausgebunden sind, sondern eher vorindustriellen Formen der Lohnarbeit nahe stehen: Maurern, Zimmerern und dergleichen. Viele Gesellen heiraten erst, wenn sie sich selbständig machen können.

Die bürgerliche Familie

Die Quintessenz seiner Welt ist dem Bürger sein Zuhause, denn hier und nur hier lassen sich die Probleme und Widersprüche der bürgerlichen Gesellschaft vergessen oder künstlich beseitigen. Hier und nur hier kann die bürgerliche und mehr noch die kleinbürgerliche Familie die Illusion harmonischen, hierarchischen Glücks nähren, umgeben von den materiellen Gebilden, die dieses Glück zum Ausdruck bringen und es zugleich erst ermöglichen.

Bankiers, Kaufleute, die ersten kapitalistischen Unternehmer, höhere Beamte, Gymnasiallehrer, Richter und Pastoren, die Angehörigen freier, intellektueller Berufe, also Menschen mit durchaus unterschiedlichen Erwerbs- und Arbeitsformen, haben eines gemeinsam: Sie trennen ihren Wohn- und Lebensbereich immer stärker von den Stätten ihres Gelderwerbes ab und bilden dadurch eine Privatsphäre aus.

Das bürgerliche Heim erhält zusehends den Charakter eines Refugiums, in das sich der Bürger vor den Härten des Konkurrenzkampfes im Berufs- und Wirtschaftsleben zurückziehen kann.

Beamte bedürfen einer gewissen Dienstzeit und einer Heiratserlaubnis ihrer vorgesetzten Dienststelle. Ihr Heiratsalter liegt daher häufig über dem 30. Lebensjahr.

Zugleich wird der bürgerliche Salon zum sorgfältig vorbereiteten gesellschaftlichen Ereignis. In den Häusern wohlhabender Kaufleute wird, wenn auch im Herrenzimmer und ohne Damen, manches Geschäft abgeschlossen, während im Musikzimmer die Tochter oder ein schöngeistiger Freund der Familie das Klavier spielt.

Die Zeit des deutschen Kaiserreiches bzw. die Franzisko-Josephinische Zeit ist die wirtschaftlich beste für die Bourgeoisie. In ihr zieht diese aus der Industrialisierung, dem Ausbau des Eisenbahnnetzes, des Nachrichtenwesens, dem Wachstum der Städte und den Investitionen im privaten Wohnungsbau ihre Profite.

Das bürgerliche Ideal der Ehe als Verbindung aus vernünftiger Liebe und wirtschaftlichem Kalkül kann in jenen Gegensatz von Ideologie und Wirklichkeit geraten, der für das Bürgertum auch in manch anderer Hinsicht bestimmend werden soll. Die Glorifizierung des Privatlebens bildet einen harten Kontrast zur Realität des entfalteten Industriekapitalismus. Der Bürger muss sich in einer zunehmend unpersönlichen, von den ökonomischen Zusammenhängen des Weltmarktes und raschen technologischen Veränderungen geprägten Welt zurechtfinden.

Während im Wirtschafts- und Geschäftsleben, in der Wissenschaft und im öffentlich-politischen Leben kühle Berechnung und Zweckrationalität triumphieren, steigern sich die Ansprüche an das Gefühlsleben in Ehe und Familie. Bei Aufrechterhaltung der traditionellen sexuellen Rechte der Männer bedeutet das für die Frauen die Sublimierung der Liebe zu einem überaus hohen Anspruch an sich selbst. Es ist die Welt des „Fin de Siècle“, wie sie von Strindberg und Wedekind, Freud und Schnitzler sensibel und kritisch beobachtet wird.

Die Arbeitsteilung der Geschlechter lässt wachsende Entfremdung entstehen. Sie produzierte aber auch, Thomas Mann hat die bekannteste Literarisierung des Themas geliefert, den Künstler und Intellektuellen, der diese Welt der besitzenden Bürger in Zweifel zieht.

Familien der Bergarbeiter

Außer dem Lohn aus dem Bergbau beziehen Bergarbeiterfamilien einen erheblichen Teil ihres Nahrungsbedarfs aus ihrer kleinagraren Subwirtschaft oder zumindest aus Gartenbau und Kleintierhaltung. Das setzt sie wirtschaftlichen Krisen weniger aus und bewirkt ein spezifisches, „ständisches“, Bewusstsein.

Die meisten in Miete wohnenden Bergarbeiterfamilien verfügen über zwei, höchstens drei Räume, die Küche eingeschlossen. Die Küche dient zum Kochen und zum Wohnen. Im Winter ist sie meist der einzige beheizte Raum. Hier spielt sich der größte Teil des Familienlebens ab, hier wird gekocht, gegessen und gewaschen. Hier spielen die Männer an langen Abenden Karten, hier machen die Kinder ihre Schulaufgaben. Das Schlafzimmer teilen die Eltern meist mit ihren Kindern.

Im Umkreis der Kohlezechen entstehen nun neue Bergarbeiterkolonien (vgl. Pölfing-Brunn). Wenn sich auch hier hauswirtschaftliche Traditionen, etwa in der Vorliebe der Bergarbeiter für den Hausgarten, die Bergmannsziege oder Kleintiere, rudimentär fortsetzen, drücken die Wohnverhältnisse in den Kolonien der Gründerzeit doch den Wechsel zum industriellen Lohnarbeiterdasein der Bergleute aus.

Die Familien der Fabrikarbeiter

Heimarbeit verbreitet sich auch unter den Frauen und Töchtern verarmter Teile des Mittelstandes, also kleiner Kaufleute und Handwerker, sowie der durch Einkommensverlust verarmten Angestellten und Beamten. Sie glauben, die Erwerbsarbeit ihrer Ehefrauen und Töchter - Indiz ihrer Verarmung - zu Hause verstecken zu können. Auch die Frauen der besser verdienenden Facharbeiter ziehen Heimarbeit vor und vermeiden es, wenn es das Einkommen ihrer Ehemänner zulässt, außer Haus zur Arbeit zu gehen, ist doch damit für die Nachbarschaft sichtbar, dass der Mann seine Familie nicht alleine ernähren kann.

Kriegs- und Nachkriegsjahre

In Österreich-Ungarn sind es insgesamt 4,3 Mio. Männer, etwa 60% der männlichen Bevölkerung zwischen 18 und 35 Jahren, die in den Krieg ziehen. Die Absenz der Ehemänner und Väter führt über die wirtschaftlichen Verluste hinaus zu einem sozialen Vakuum. Zahlreichen Familien fehlt die patriarchalische Instanz, auf die sich zuvor viele familiäre Lebensprozesse bezogen haben.

Mit der Heimkehr jener Ehemänner, die den Krieg überlebt haben, setzt jedoch nicht nur ein verstärkter Kampf um die Arbeitsplätze und eine teilweise Verdrängung der Frauen aus der Industrie, sondern auch ein Kampf um die Positionen in den Familien ein. Viele der Heimkehrer finden zunächst keinen Arbeitsplatz. Darüber hinaus sind sie die Lohnarbeit nicht mehr gewöhnt. Krüppel und psychisch erkrankte Männer werden zur dauernden Belastung für ihre Familien. Anstelle der herbeigesehnten Entlastung für die Frauen sind sie großteils arbeitsunfähig und pflegebedürftig. Der Psychoanalytiker Paul Federn spricht 1919 in diesem Zusammenhang von einer „vaterlosen Gesellschaft", die der Weltkrieg hinterlassen hat.

Strukturell beschleunigt die Zäsur des Weltkriegs das Ausscheiden familienfremder Personen aus den Haushalten. Je stärker die Mieten durch die Inflation entwertet werden, desto mehr Untermieter und Bettgeher werden gekündigt, da die Hauptmieter ihren Beitrag zur Wohnmiete nicht mehr benötigen. In den Arbeiterwohnungen leben ab diesem Zeitpunkt zwar kaum mehr Untermieter, aber sie bleiben dennoch überfüllt: Kinder bleiben bis zur Heirat und oft länger in der elterlichen Wohnung, Großeltern und Verwandte werden in die ohnehin oft beengten Wohnungen aufgenommen.

Das häufige Wechseln der Wohnungen, wie es vor und in den ersten Jahren des Weltkriegs vor allem von den Arbeitern praktiziert wird, geht allerdings deutlich zurück.

3. Der letzte Walzer

Sind Künstler Propheten? Wer sich die Mühe macht, den großartigen „Kaiserwalzer" von Johann Strauß genau anzuhören, der wird sich dieses Eindrucks kaum erwehren können. 1888 geschrieben, vereint dieses musikalische Epos im 3/4-Takt alle Zukunftsperspektiven des krank gewordenen Kaiserreichs. Schwermütige Grazie lässt vor dem inneren Auge des Zuhörers tanzende Diplomaten, Minister und Höflinge erscheinen, die mit ergrauten Diven und Hofdamen vollendeter Altersschönheit ihre Kreise drehen. Langsam, wie im Zeitraffer, wiegen sich die Paare zu den marschähnlichen Klängen, die doch in jeder Phase einen Walzer voller Tristesse repräsentieren. Mag der Trommelwirbel auch noch so oft zum raschen Aufbruch mahnen, die Schritte werden nicht mehr schneller. Die Tänzer sind müde und auch der Kaiser, dem dieses Epos gilt, vermag sich kaum noch zu bewegen.

Plötzlich, nach einem groß angelegten Fortissimo, welches abrupt endet, rufen weit entfernte Hörner noch einmal zum allerletzten Kampf. Doch die vermeintlichen Empfänger dieser Botschaft sind längst entschlafen, in den Traum einer völlig fernen Welt. Schwermütig und mit aller Würde, die einem Kaiser geziemt, spielt ein Violoncello das Thema einer edlen, großen Zeit. Indem es melancholisch verklingt, holt das Orchester aus zum allerletzten Finale: Es ist, als ob der Monarch nun selber spräche, mit Worten tiefster Abgründigkeit: „Wenn die Monarchie schon zugrunde gehen soll, so soll sie wenigstens anständig zugrunde gehen." Eine Haltung, wie sie österreichischer nicht sein könnte.

Aber auch Kaiser sind nur Menschen. Wer den Lebensweg von Franz Joseph einigermaßen kennt, weiß, dass er einer Einbahnstraße in die Einsamkeit gleicht. Es ist das Schicksal aller großen Führer und Monarchen, dass sie alleine stehen, an der Spitze ihres Reiches, ihrer Völker, ihrer Vasallen, ihrer Zöglinge und Untertanen. Von nirgendwo kommt ein tönender Dialog. Die Menschen kommen gebückt und gehen gebückt, ohne auch nur einen Moment an seine Einsamkeit zu denken. Ist es doch der Fall, verbietet das Hofzeremoniell alle Regungen und Emotionen. Die Situation ist ausweglos.

Joseph Roth beschreibt die Irrealität des Monarchen punktgenau und präzise in seinem Roman „Radetzkymarsch". Der alte „Trotta", Vater des ehrsamen, loyalen, feinfühligen und dennoch hoch verschuldeten Jung-Leutnants Trotta, wird in einer Audienz beim Kaiser auf seine historische Dimension reduziert: „Sind Sie nicht der Held von Solferino?" Ein Fauxpas mit weit reichendem Hintergrund: Die Generation der Helden, von denen der Kaiser träumt, lebt längst nicht mehr.

Die Zeit scheint stillzustehen und nicht zu Unrecht spricht man im Jargon der Kurzweil von „der guten alten Zeit". Kaum einer am Hof kann oder will erkennen, dass alles Leben aus Veränderung besteht und die Uhren klammheimlich in einer viel höheren Geschwindigkeit ihre Kreise zu ziehen beginnen.

Die Welt um 1900

An der Oberfläche „Laissez faire", im Inneren „abgrundtief": So kann man das „Fin de Siècle" kurz beschreiben. Dort, wo noch Steine aufeinander liegen, haben die politischen Lager und Kritiker der Monarchie längst begonnen, auf ihre Art und Weise die Grundfesten des Gebäudes „Österreich-Ungarn" zu untergraben.

Dennoch ist alles in dieser „Welt der Eitelkeiten" in die Vergangenheit gerichtet: die altehrwürdige Gesellschaft, die Armee, die Politik, die Ideale, der Glaube. Das geschlossene System der Wertehaltungen, in dem die Glocken der Dorfkirche den Lebensrhythmus gliedern, von der Taufe bis zum Begräbnis, ist immer noch allgegenwärtig. Ein solches System beruht auf der ewig gleich bleibenden Ordnung des Himmels, der Natur und der vorbestimmten Klassenunterschiede. Es wird dargestellt als heilige Trias: Gottvater - Landesvater - Hausvater. Es ist eine Welt des klassischen Patriarchats.

Trotz aller Demokratisierungsversuche und der politischen Veränderungen prägt dabei ein Grundtypus des Österreichers (männlichen Geschlechts) das Zeitgeschehen und die Gesellschaft kongenial und konsequent: der hedonistische, unpolitische, opportunistische Biertischraunzer. Er hasst den offenen Konflikt und meidet jegliche Zivilcourage, weil er einfach seine „Ruah" um jeden

Preis haben will. Dabei verdrängt er erfolgreich, dass er das bestehende System zwar zutiefst verabscheut, es aber durch seine Inaktivität am Leben erhält. Die Revolution und der Einsatz seiner Existenz sind ihm dabei ebenso fremd wie die Abkehr von bestehenden Sicherheiten. In einem Wienerlied von 1912 klingt diese Lebensmaxime so: „I duck mi in mein Winkel, das ist mein stilles Glück, i red ka Sterbenswörtel, i pfeif auf Politik. I lass die andern streiten, trink ruhig meinen Wein, was kümmern mi die Zeiten, in will gern seelig sein." Garant dieser seligen Ruhe ist, so paradox es klingen mag, der „alte Herr in Schönbrunn" oder, genauer gesagt, sein „unsterblich scheinender Kaisermythos", den man ihm unverrückbar verpasst hat.

Wie kaum in einem anderen Land wird in Österreich seit alters her der Staat außerordentlich überschätzt. Alle Übel der Gesellschaft werden dem Staat zugeschoben, von dem man Hoffnung und Heilung erwartet. Es ist eine Art Staatsfrömmigkeit, die im Habsburgerreich schon seit Generationen prägend in Erscheinung tritt. Lebenschancen, Lebensträume, Fantasien und Erwartungen hängen damit unmittelbar zusammen. Was sich Eltern am sehnlichsten für ihre Söhne erhoffen, ist eine Staatsstellung auf Lebenszeit. Das heißt: eine geregelte, humane Dienstzeit, ein sicheres Gehalt, eine nicht allzu harte Arbeit, bescheidene Aufstiegsmöglichkeiten und eine Versorgung im Alter. Diese Privilegien sind wenigstens greifbar, in einer ansonsten unwirtlichen, harten und ungerechten Zeit.

Es darf auch nicht verwundern, dass in diesem System der „kleinen Sicherheiten" die „Freunderlwirtschaft" ihre Blüten treibt. Ein erfahrener Verwaltungsfachmann, der k.k. Stadthalter Erich Graf Kielmannsegg, bringt es auf den Punkt: „Ohne Protektion ist in Österreich nichts und mit ihr alles zu erreichen. Für jeden Wunsch, den jemand hat, sucht er zunächst einen Protektor, in je höherer Lebensstellung, desto besser... Es hat Zeiten gegeben, in denen bei öffentlichen Ämtern keine Stellenbesetzung, keine Verleihung eines Stipendiums oder sonstigen Benefiziums stattgefunden hat, ohne dass zahllose Empfehlungsschreiben für diesen oder jenen Petenten von höchsten Stellen vorgelegen wären."

Das Leben auf dem Land

Groß ist auch der Unterschied der Lebensqualitäten zwischen Stadt und Land. Das Leben im Dorf ist hart, extrem hart: schwere körperliche Arbeit bis zum Übermaß, geringe Konsummöglichkeit, eine ziemlich starre Hierarchie, eine dichte Kontrolle aller Individualismen durch die Dorfgemeinschaft und die unermüdliche Wachsamkeit der Kirche über den moralischen Standard. Die Angst ist dem „Landmenschen" daher ein steter Wegbegleiter: die Angst vor Naturkatastrophen, die Angst vor Brandstiftung, die Angst vor ungewollter Schwangerschaft, vor Geistern, Unholden, Hölle, Tod und Teufel.

Dazu kommt die exponierte Ausgesetztheit an die Naturgewalten: Jeder Hagelschlag, jedes Unwetter, jeder strenge Winter, jeder verregnete Herbst, jeder Abgang einer Mure kann die Mühe von Jahren zunichte machen, ohne dass es dafür eine materielle oder finanzielle Hilfe gibt. So darf es nicht verwundern, dass die Menschen Zuflucht im Jenseits suchen und ihnen eine tiefe Religiosität zu Eigen ist. Damit verbunden ist fast ausnahmslos die ideologische Umzingelung der Bauern, die auch zahlenmäßig eine bedeutende Rolle spielen: Die Kirche und die Agrarverbände konzipieren die Bauern als eigenen Stand, als Bauernstand. Diese Darstellung und Bezeichnung hebt die Bauern innerhalb der Marktwirtschaft ideell besonders hervor und verankert sie in einer altehrwürdigen Tradition.

Unabhängig davon ist die Landwirtschaft gegen Ende des 19. Jahrhunderts der wunde Punkt in der österreichischen Wirtschaftsentwicklung. Ein Beobachter der Gegebenheiten beschreibt sie 1894 folgendermaßen: „Wenn der österreichische Bauer nicht dem Staate seine Steuern in barem Geld leisten müsste, dann würde er gar kein Geld brauchen, da er das Bestreben hat, all seine wirtschaftlichen Bedürfnisse auf seiner eigenen Scholle und in seinem Stalle selbst zu erzeugen. Zu dem Brot, das er isst, baut er selbst das Getreide, die Wolle, die er in seinem Lodenrock trägt, liefern ihm die Schafe; die Stiefel und Schuhe fertigt ihm der Dorfschuster aus dem Leder seiner Rinder, wenn er sie schlachtet, um sich mit ihrem Fleisch zu versorgen; das Nutz- und Brennholz liefert ihm sein Wald, Milch, Butter, Käse seine Kühe und Ziegen; nur seinen geringen Bedarf an Eisen muss er kaufen, selten auch Zucker und Kaffee, wenn er nicht ohnehin vorzieht, den Letzteren nach Kneipp'scher Vorschrift aus gerösteter Gerste herzustellen."

Das steirische Weinland und speziell die Südoststeiermark zählen im ausgehenden 19. Jh. zu den ärmsten landwirtschaftlichen Regionen in Österreich. Noch um die Mitte des 19. Jhs. sind etwa 90% der südoststeirischen Bevölkerung in der Landwirtschaft tätig, in der Süd- und Weststeiermark nur ungleich weniger. Auch hier ist das Charakteristikum die Selbstversorgerwirtschaft, die sich länger als sonst irgendwo in Österreich hält. Dennoch zeigt sich gerade in dieser Region zweimal deutlich, wie schnell aus einem anscheinenden Nachteil ein Vorteil werden kann: Sowohl in der Wirtschaftskrise der 1870er Jahre, als es zu einem rapiden Preisverfall der landwirtschaftlichen Produkte kommt, als auch während der weltweiten Krisenperiode der 1930er Jahre sind die südsteirischen Kleinbauern eben durch ihre Selbstversorgung am wenigsten betroffen.

Maßgeblich betroffen ist hingegen die gesamte steirische Landwirtschaft durch die Abtrennung der Anbauflächen der „Untersteiermark" nach dem 1. Weltkrieg mit ihren fruchtbaren 6.050 km^2 Kulturland.

Erst die Verbesserung der Fruchtfolge, der Einsatz von Maschinen und zuletzt die Verwendung von Kunstdüngern in Form von Phosphatmehl führen zu einer eindrucksvollen Steigerung der landwirtschaftlichen Erträge, welche allerdings in der Süd- und Untersteiermark am geringsten ausfällt. 1910 leben immer noch gut 50% der arbeitenden Bevölkerung von der Land- und Forstwirtschaft und erwirtschaften knapp zwei Drittel des gesamten Volkseinkommens.

Gewerbe, Industrie und Unternehmer

Die neuen Technologien, welche nach der zweiten technischen Revolution verfügbar sind, läuten in Österreich das Zeitalter der Großindustrie ein. Allein in der Zeit von 1880 - 1900 werden 37 Großunternehmen gegründet, einige davon auch im steirischen Weinland. Trotz dieser wirtschaftlichen Aufbruchstimmung kann die Statistik nicht darüber hinwegtäuschen, dass der Anschluss an die großen Industrienationen wie England, Deutschland oder Frankreich noch in weiter Ferne liegt. Eine Betriebszählung von 1902 zeigt die Rückständigkeit des „Wirtschaftsstandortes Österreich“: 97% (!) der Betriebe tragen sich unter Kleingewerbe, Handwerk oder Heimarbeit ein und 55% aller Beschäftigten des Landes arbeiten in diesen Produktionsstätten.

Dennoch ist der Weg zu den großen Fabriken auch hierzulande vorgezeichnet. Viele Unternehmer steigen in die Eisen produzierende und verarbeitende Industrie ein. Neben Donawitz, Kapfenberg und Mürzzuschlag erfährt auch das Stahlwerk in Eibiswald innerhalb kürzester Zeit eine kräftige Expansion, die nicht zuletzt auch meinen Großvater in die aufblühende Region lockt. Doch die Arbeitsbedingungen in den Fabriken sind nahezu unmenschlich. Max Winter, ein engagierter Sozialreporter, der sich zeitweilig unter die Arbeiter mischt, beschreibt den Arbeitsalltag der „Sklaven der Alpine“ und bringt damit erstmals die Mühen und Plagen der „Puddler“ und „Eisenrührer“ an die Öffentlichkeit. Sie müssen, nach seiner Beschreibung, bei der Umwandlung von Roheisen in schmiedbaren Stahl mit langen, gebogenen Eisenstangen im glühenden Eisenbad umrühren. Dabei sind Temperaturen von 65 Grad Celsius keine Seltenheit und das bei äußerster körperlicher Anstrengung. Die meisten von ihnen halten diese Belastung höchstens bis zum 40. Lebensjahr durch und ein alter „Puddler“ (von: Puddelstahl!) seufzt: „Und wie es die Menschen anpackt! Wenn einer krank wird - in acht Tagen schon liegt er auf dem Brett. Das geht schnell, der Weg vom Ofen zur Grube.“

Auch in den großen Zündholzfabriken rund um Deutschlandsberg und Stainz geht es den Arbeitern nicht viel besser. Trotz der Einführung einer Arbeit- und Dienstnehmerschutzverordnung im Jahr 1880 sind die Bedingungen für das Personal nach wie vor mehr als hart. So legt die Dienstordnung der Firma Vollmann in Stainz zwar fest, dass schulpflichtige Kinder nicht aufgenommen werden dürfen, aber dennoch wird der Betrieb von den Behörden immer wieder wegen Verstößen gegen das Verbot der Kinderarbeit belangt.

Seit 1885 gibt es in den Fabriken den 11-Stunden-Tag, aber auch diese Verordnung ist nicht mehr wert als das Papier, auf dem es steht. 1914 wird ein Betrieb bestraft, weil er zwölfjährige Kinder als Hilfsarbeiter beschäftigt, und im Kohlebergbau von Kalkgrub bei Schwanberg sind die Arbeitsbedingungen dermaßen unerträglich, dass es zahlreiche junge Arbeiter trotz Freistellung vom Militärdienst vorziehen, in den Krieg einzurücken.

Auch die Natur leidet immer mehr unter den ständig größer werdenden Industrieanlagen. Die Folgen sind gigantische Rauchschäden, abgestorbene Bäume, verdorrte Wiesen und übel riechende Rauchwolken über den Ortschaften. Wenn sich geschädigte Bauern zur Wehr zu setzen versuchen, werden ihre Höfe von den Fabrikbesitzern einfach aufgekauft. Vor den Behörden haben die Beschwerdeführer so gut wie nie eine Chance gegen die Interessen der Großindustrie.

Mit dem Fortschreiten der Industrialisierung tritt auch das Gewerbe immer mehr in Opposition zur Großindustrie. Je mehr die Sozialdemokratie erstarkt und den Klassenkampf in die Werkstätten trägt, desto mehr verblassen die herkömmlichen Konfliktlinien und rücken gemeinsame Unternehmerinteressen in den Mittelpunkt des Geschehens. Viele Meister fühlen sich plötzlich als Unternehmer, während sich die Gesellen immer deutlicher der Arbeiterschaft anschließen. Die gemeinsame „ständische" Grundlage des Handwerks zerfällt.

Auch die „Kleinmeister" schließen sich immer häufiger der Sozialdemokratie an oder wie mein Großvater der so genannten „Freidenkerbewegung". Was sie zusammenhält, kann dennoch als „bürgerlicher Tugendkanon" beschrieben werden: Leistungsorientierung, Fleiß und Sparsamkeit. Ausgesprochen typisch ist auch ihr immer wiederkehrender Versuch, den bürgerlichen Lebensstil zu imitieren, sich anständig zu kleiden, den Kindern eine gewissen Bildung zu sichern und sich gegenüber den „Proleten" abzugrenzen.

Das reale Bild sieht freilich großteils ganz anders aus. So berichtet der Gewerbeinspektor von Klagenfurt in den 1890er Jahren: „Viele kleine Meister wohnen mitsamt ihren Familien derart beschränkt und sanitätswidrig, dass sie geradezu das Mitleid des inspizierenden Beamten herausfordern: In einem kleinen Zimmer, das Werkstätte, Wohnung und Küche darstellt, lebt die ganze Familie, Groß und Klein, ob gesund oder krank; hier wird im Sommer und Winter von früh bis spät abends gearbeitet, gekocht, gewaschen und geschlafen, meist ohne jeden anderen Luftwechsel, als das Öffnen der Tür mit sich bringt."

Auch mein Vater hat diese Situation hautnah erlebt, als er gemeinsam mit seinen Eltern auf engstem Raum in einem Wirtshaushinterzimmer in Leoben-Judendorf vor und während der Kriegsjahre seine Kindheit verbrachte. Besonders traumatisch ist ihm in Erinnerung geblieben, wie seine geliebte Mutter 1917 nach ihrem Tod mehrere Tage lang in diesem kleinen, stickigen Zimmer aufgebahrt lag.

Um 1900 konsolidiert sich das Gewerbe und passt sich teilweise an die industriell-kapitalistische Marktwirtschaft an, gestützt durch das neue Gewerberecht und durch eine eigene Form der „Klassenbildung". Die Tendenz zu Familienbetrieben verstärkt sich. Immer mehr Söhne übernehmen den Betrieb, was wiederum sorgfältige Heiratsplanung voraussetzt. Gleichzeitig beginnt das Handwerk wieder sein Augenmerk auf eine bewusste Traditionspflege zu legen. Vor allem das Reparaturgewerbe expandiert nachhaltig. Dennoch ist es die letzte Blüte, die das Handwerk im Zeitraum bis zum Ende des 2. Weltkriegs erlebt, bevor es endgültig in der Versenkung der Geschichte verschwindet.

Zu den Auslösern der Konsolidierung zählt maßgeblich das umfangreiche staatliche Investitionsprogramm durch die Regierung Ernst Koerber. Ihr gelingt es kurzfristig sogar, den schwelenden Nationalitätenkonflikt zu entschärfen und eine vorübergehende Ära der Hoffnung und Euphorie herbeizuführen. Die „zweite Gründerzeit", wie sie genannt wird, ist allerdings nur von kurzer Dauer.

Die Bombe tickt

„Was sich überhaupt sagen lässt, lässt sich klar sagen und wovon man nicht sprechen kann, darüber muss man schweigen." Ludwig Wittgenstein hat mit diesem Satz 1913 das Problem der Zeit auf den Punkt gebracht: Viele Politiker und Funktionäre haben durch ihre unendlich langen Reden (Obstruktionspolitik) in Plenar- und Fraktionssitzungen das „Eigentliche" zu Tode geredet. Auch wenn Wittgenstein seine Aussage grundsätzlich in ein zutiefst durchdachtes philosophisches System einbettet, trifft sie doch voll und ganz den Puls der Zeit. Wenn es etwas zu sagen gibt, muss man es klar sagen, wenn man nicht kompetent ist, etwas zu sagen, muss man schweigen. So einfach sollte es sein, aber die Menschen in Österreich und den Kronländern entzweien sich an der Sprache mehr als an ihren Inhalten. Babylon und sein Turmbau sind vielleicht nur eine Legende, aber ihre Symbolik reicht weit bis in die Gegenwart herein. Dort, wo Sprache nicht ernst genommen wird als Identitätsfaktor einer Kultur, ist der Krieg nicht weit. Auch wenn wir es immer wieder verdrängen und banalisieren: Wer den anderen nicht versteht, hat keinen Einblick in sein Wesen, seine Eigenheit, seine Empfindung, seine Emotion. Sprache ist eine Grenze wie ein Berg, ein Fluss, ein Drahtverhau …

Auch die Monarchie scheitert an der Sprache und die Slowenen in der Untersteiermark und in Krain spielen dabei eine bemerkenswerte Rolle. Seit 1861 gibt es im Krainer Landtag heftige Auseinandersetzungen bezüglich des Gebrauchs der Amtssprache. War sie bisher ausschließlich Deutsch, wollen nun die erstarkten Fraktionäre der slowenischen Volkspartei auch Slowenisch als Verhandlungssprache einführen. Genauso unvermeidbar wie im Landtag wird das Sprachproblem in den Schulen gesehen. Der „südsteirische Slowene und Abgeordnete" Lavoslav Gregorec weist im Reichsrat wiederholt auf das Sprachproblem in den Schulen hin: „Es geht doch nicht an, dass die kaum 30.000 Seelen zählenden Deutschen in der Untersteiermark 4 Mittelschulen haben und die Slowenen, die nahe an die 400.000 Seelen zählen, nicht eine einzige." Zu dieser Aussage ist zu bemerken, dass weder Ministerpräsident Taaffe noch sein Nachfolger Windischgraetz Bedenken gegen die Einrichtung von slowenischsprachigen Parallelklassen haben, aber der Antrag aufgrund der Gegenstimmen von Deutschliberalen und Deutschnationalen im Plenum des Reichsrates keine Mehrheit findet. 1895 erreichen diese Auseinandersetzungen ihren ersten Höhepunkt in der Bestimmung für die Errichtung einer slowenischsprachigen Parallelklasse im Staatsgymnasium von Cilli. Diese wird den Slowenen 1893 für ihr Verbleiben in einer Koalitionsregierung zugesagt, aber niemals eingelöst.

Für die Slowenen ist die Schulfrage von Cilli nur ein kleiner, aber nicht unwesentlicher Teil ihres nationalen Programms. Immer deutlicher fühlen sie sich vom deutschen Drang nach dem Süden und von den Expansionstendenzen der Italiener mehr als in die Enge gedrängt. Trotz dieser nationalen Einkesselung bilden ihre Abgeordneten aber immer noch eine überzeugte österreichische Reichspartei. Von einer panslawischen oder serbophilen Orientierung kann um 1880 und kurz danach noch kaum die Rede sein.

Immerhin können die Slowenen mit gutem Recht behaupten, im Süden des Reiches gemeinsam mit den Kroaten die Monarchie sowohl gegen den serbisch-russischen Panslawismus als auch gegen den italienischen Imperialismus überzeugend zu verteidigen. Wie auch immer die Einstellung der slawischen Völker der Monarchie um 1890 im Detail aussieht: Der Kessel beginnt zu kochen. Wie so oft im Spiel der Kräfte und der Mächtigen, ist es ein Künstler, der die Katastrophe längst vorausahnt. Franz Grillparzer, der bedeutende österreichische Literat, hat in einer bemerkenswerten Denkschrift die Situation charakterisiert, wenn er von der „Influenza der Nationalitäten“ spricht: „Woher stammt denn dieses Geschrei von Nationalität, dieses Voranstellen von einheimischer Sprach- und Altertumswissenschaft anders als von den deutschen Lehrkanzeln, auf denen gelehrte Toren den Geist einer ruhig verständigen Nation bis zum Wahnsinn und Verbrechen gesteigert haben. (Meinte er den Philosophen Hegel?) Dort ist die Wiege Eurer Slawomanie, und wenn der Böhme (oder Slowene) am lautesten gegen die Deutschen eifert, ist er nichts anderes als ein Deutscher ins Böhmische (oder Slowenische) übersetzt.“ Grillparzer prophezeit und fügt an, dass sich hier bereits der Weg „von der Humanität über die Nationalität zur Bestialität“ abzeichne.

Eine Eskalation erfährt die Situation 1880 auch durch die Gründung des „Deutschen Schulvereines“, der sich besonders dem Bau deutscher Schulen im Grenzgebiet verschreibt, und die Gründung des Vereines „Südmark“ (1889), die vor allem im Landtag den Nationalitätenkonflikt zu einer kaum mehr überbietbaren Eskalation führt.

Die Slowenen sind nicht die ersten Südslawen, die den Weg der nationalen Selbstfindung beschreiten, aber sie werden durch die sprach- und literaturwissenschaftlichen Arbeiten von Jernej Kopitar die großen Wegbereiter. Kopitar ist nicht nur der große Lehrer der Slowenen, sondern gemeinsam mit Dobrovsky wahrscheinlich der bedeutendste Slawist der an großen Sprachforschern reichen „slawischen Renaissance“. Kopitars Stammtisch im Gasthaus „Zum Weißen Wolf“ in Laibach wird zur berühmten Begegnungsstätte slawischer und deutscher Philologen und damit zum Mittelpunkt einer jungen Generation von idealistischen Vordenkern eines neu zu gestaltenden Europa. Aber bis dahin ist es noch ein weiter und blutiger Weg.

4. Die europäische Tragödie

Tragödien beginnen auf der Bühne meist im Augenblick tiefster Leidenschaft und ungetrübter Wolllust. Ihre Auslöser sind mannigfaltig wie das Leben selbst: Einmal sind es böse Neider, ein anderes Mal die Eifersucht und manchmal auch die Torheit und der Übermut. Nicht selten aber resultieren Tragödien aus einer Verkettung „unglücklicher Umstände", aus Missverständnissen und Fehlinterpretationen, die man im Volksmund Schicksal nennt. Letzteres hat eine Affinität zu jenem Krieg, der Europa in den tiefsten Abgrund seiner Existenz und seines abendländischen Selbstverständnisses stößt.

Auch wenn es müßig erscheint, den Ursachen für den Ausbruch des 1. Weltkrieges auf den Grund zu gehen, seine Vermeidbarkeit zu diskutieren, seinen Verlauf zu hinterfragen oder die Möglichkeit eines anderen Ausganges zu beleuchten, gibt es dennoch genug Gründe, dies zu tun.

Einmal, weil die aktuelle Zeitgeschichte fast täglich neue Vergleichsbeispiele liefert, die zeigen, dass Kriege immer aufgrund der Vorspiegelung falscher Tatsachen vom Zaun gebrochen werden, und zum anderen, weil sich Kriegsverläufe nicht berechnen lassen, auch wenn hochgebildete Strategen dies zum unzähligsten Mal behaupten. Darüber hinaus ist die Betrachtung des 1. Weltkrieges unabdingbar für das Verständnis einer Zeit, in der fast ganz Europa im wahrsten Sinn des Wortes „umgepflügt" wurde und kein Stein auf dem anderen blieb.

Zwei Thesen seien hier an den Anfang gestellt: Erstens - der Erste Weltkrieg hat in den Köpfen der Menschen schon lange vor dem Attentat in Sarajevo begonnen und zweitens - der fatale Waffengang hätte durch eine kompetente Führungspersönlichkeit lokal eingeschränkt und somit ein Weltbrand verhindert werden können.

Ich habe es im vorangegangenen Kapitel bereits angedeutet: Österreichs Kaiser, der greise Franz Joseph, ist zum Zeitpunkt der Entscheidungsfindung über Krieg oder Frieden nicht mehr in der Lage, die Geschehnisse selbst zu bewerten und zu steuern. Es darf daher nicht verwundern, dass sowohl seine Minister als auch seine Generäle bald dazu übergehen, diese Kompetenzschwäche gedanklich und praktisch auszufüllen. So kommt es zur skurrilen Situation jeder wankenden Hierarchie: Da steht einer an der Spitze, dem es an Führungsqualität mangelt, und alle machen sich Gedanken, Vorstellungen und Konzepte, wie es in Zukunft weitergehen könnte und wie Probleme zu lösen seien. Vieles wird in die Realität umgesetzt, aber immer vor dem Hintergrund „der Führer (Kaiser) wird es schon richten und verantworten". Es beginnt ein Kreislauf, den Österreich bis zur Perfektion ausgebaut hat: Keiner ist zuständig, keiner übernimmt die Verantwortung und jeder glaubt zu wissen, wie es geht.

Die Annexion von Bosnien-Herzegowina

Schon seit geraumer Zeit hat Österreich-Ungarn seine Expansionsbestrebungen auf dem Balkan kundgetan und dokumentiert. Nicht zuletzt wegen der zahlreichen inneren Konflikte und Probleme ist eine offensive und aktive Außenpolitik geradezu zwingend anzuwenden. Der „zuständige" Minister Lexa von Aehrenthal setzt dazu im Südosten an und annektiert 1908 Bosnien und die Herzegowina. Österreich nimmt mit dieser Aktion „de jure" ein Gebiet in seine Hoheit, das es „de facto" ohnedies bereits verwaltet. Dies führt nicht nur zu einer schweren Krise, sondern ist zu diesem Zeitpunkt auch äußerst unklug.

Österreich-Ungarn manövriert sich mit dieser Aktion an den Rand eines Krieges und wird dafür international massiv kritisiert. Es gibt aber auch Stimmen, die bedauern, dass die Annexion friedlich erfolgt ist und sich daraus kein Krieg mit Serbien ergeben hat. Exponent dieser Gruppe ist der Chef des k.k Generalstabes für die ganze bewaffnete Macht, Franz Conrad von Hötzendorf. Er macht kein Hehl daraus, dass er die Annexion gerne zum Anlass genommen hätte, um den immer deutlicher agierenden Feind am südöstlichen Balkan vorzeitig in die Knie zu zwingen. Sein zumindest militärischer Weitblick reicht so weit zu erkennen, dass sich die Gegner Österreich-Ungarns im und um das Reich immer deutlicher zu formieren beginnen, und seine Strategie lautet daher: Angreifen, solange der Feind noch schwach und isoliert ist.

Aber Aehrenthal ist vorsichtig und zurückhaltend und hat vor allem Bedenken wegen der Rolle Russlands und Italiens bei einem möglichen Präventivkrieg gegen Serbien. Der Konflikt zwischen Conrad und Aehrenthal entbrennt nun immer mehr und erreicht seinen Höhepunkt, als sich Serbien und Bulgarien überraschend für eine gemeinsame Politik entscheiden und mit russischer Zustimmung einen Balkanbund zu schaffen beginnen. Conrad wirft Aehrenthal vor, die Zeichen der Zeit nicht zu erkennen, und hat aus seiner Perspektive sicher Recht.

Mitte Februar 1912 werden die Karten neu gemischt. Aehrenthal stirbt und sein Nachfolger wird Leopold Graf Berchtold. Wieder einmal innerhalb kürzester Zeit kommt mit ihm ein neuer, unbekannter Faktor in das Spiel von Großmachtspolitik, Prestige und Ehre, der schnelle Entscheidungen erst einmal verhindert.

Aber zunächst zur Bündnispolitik: Von Österreich-Ungarn wird traditionsgemäß erwartet, dass es das mit dem Deutschen Reich, Italien und der Donaumonarchie verbündete Rumänien aktiv unterstützt. Deutschland hat an einer solchen Unterstützung schon aus dynastischen Gründen höchstes Interesse, ist doch König Carol I. von Rumänien ein Prinz von Hohenzollern-Sigmaringen. Vielleicht genau aus diesem Grund verweigert Wien aber seine Unterstützung, was in Rumänien zu einer massiv antiösterreichischen Haltung führt. Als im Juli 1913 dann der zweite Balkankrieg ausbricht, wird in Bukarest ausfällig gegen Österreich-Ungarn demonstriert und „Hoch Serbien" gerufen. Eine fatale Entwicklung, wie sich bald zeigen sollte.

Die Lunte am Pulverfass ist entzündet, aber es explodiert noch nicht. Noch nicht, denn es vergeht kaum ein Tag, an dem nicht über einen Zwischenfall am Balkan gesprochen oder geschrieben wird. Dabei gilt zu bemerken, dass sowohl Österreich als auch Ungarn mehr oder weniger im „eigenen Wirkungsbereich" betroffen sind: Denn Kroatien gehört mit Ungarn zur transleithanischen Reichshälfte, während Slowenien mit Österreich zu Cisleithanien zu zählen ist. Schon dieser Umstand macht klar, dass beide Völker und ihre Regierungen im Ernstfall ihre Eigeninteressen gegenüber dem anderen in den Vordergrund stellen würden. Beim so genannten „Ausgleich“ von 1867 wurde die Habsburgermonarchie bekanntlich in zwei Hälften zerteilt, die außer dem gemeinsamen Kaiser nur mehr die Außen-, Verteidigungs- und Finanzpolitik gemeinsam haben.

Der Anfang vom Ende beginnt sich nun immer deutlicher abzuzeichnen und die Vision vom „letzten Kampf“ der Monarchie ist eine allgegenwärtige. Häufig wird in politischen Kreisen nur noch darüber diskutiert, ob die Monarchie diesen Kampf überhaupt noch kämpfen könne oder ob sie kampflos Stück für Stück auseinander brechen würde. Die Spekulationen über dieses unbekannte Ende werden von Tag zu Tag eindringlicher und kurioser. Das Warten auf den alles entscheidenden Moment wird unerträglich.

Ein Attentat erlöst das Reich

Es klingt vielleicht merkwürdig: Aber was am 28. Juni 1914 in Sarajevo geschieht, wird von vielen bereits erwartet und wirkt fast wie eine Erlösung. Dabei sind die Hintergründe des Anschlages auf den Thronfolger Franz Ferdinand und seine Frau Sophie von Hohenberg auch heute, 90 Jahre später, noch immer genauso dubios wie am Tag des Geschehens. Tatsächlich deuten die vorhandenen Fakten auf eine ganz klare Schuldzuweisung hin. Ein paar junge, panslawistische Revolutionäre, aufgewiegelt von der serbischen Regierung und dem russischen Geheimdienst, lassen sich am Tag des Staatsbesuches von Ferdinand in Sarajevo einschleusen, postieren sich geschickt an mehreren Orten des Festzuges und warten auf ihre Chance. So weit, so klar.

Aber nun beginnen bereits merkwürdige Ereignisse ihren Lauf zu nehmen. Ein erster Attentäter zündet eine Bombe und wirft sie in Richtung des Fahrzeuges, in dem das Thronfolgerehepaar sitzt. Die Bombe detoniert, aber durch ein geschicktes Ausweichmanöver des Fahrers bleiben beide unverletzt. Schon zu diesem Zeitpunkt stellt sich heraus, dass die Sicherheitsvorkehrungen für den Konvoi völlig unzureichend sind. Aber der „Schlamperei“ noch nicht genug: Nachdem einer der zuständigen Sicherheitsbeamten nun eine Änderung der Fahrtroute befiehlt, vergisst irgendeiner in der Informationsstafette, den Befehl an die Fahrer weiterzugeben. Der Konvoi setzt sich daher wieder in Bewegung, so als ob nichts gewesen wäre.

„Es wird schon nichts mehr passieren", diese Haltung scheint sich breit zu machen, ob aus Bequemlichkeit oder System wird sich nie mehr sagen lassen.

Attentäter halten sich nicht an Prognosen und schon gar nicht an Binsenweisheiten. Einer der sechs Revolutionäre, Gavrilo Princip, steht etwas weiter vorne am Appel Kai in bester Position. Ihm gelingt es, aus nächster Nähe mit seiner Pistole das Thronfolgerehepaar zu erschießen. Die Hintergründe des Anschlages werden erstaunlich schnell geklärt. Es heißt: Die Attentäter gehören alle der Untergrundbewegung „Mladna Bosna" (junges Bosnien) an und wurden von der „Crna ruka" (schwarze Hand), einer in Serbien agierenden und staatlich geduldeten Bewegung, ausgebildet. Mit Verweis auf einen Offizier der Nachrichtenabteilung des Belgrader Generalstabes, der die Attentäter angeblich auf ihre Aufgabe vorbereitet haben soll, scheint die Querverbindung zur offiziellen Belgrader Regierung erwiesen. Die aberwitzige Entscheidung, einem Land wegen eines jugendlichen Einzeltäters den Krieg zu erklären, liegt für die Entscheidungsträger, allen voran Conrad von Hötzendorf, auf der Hand. Das Gemetzel wird zielstrebig vorbereitet, auch wenn manche ahnen, dass Österreich-Ungarn zu diesem Zeitpunkt nicht mehr als Sieger vom Feld gehen wird.

Aber nochmals zurück zum Attentat. Warum wurde das Datum des Besuches auf den für die Serben so wichtigen nationalen Trauertag in Erinnerung an die verlorene Schlacht am Amselfeld gelegt? Wer hat den Termin festgelegt und war es Ferdinand klar, worauf er sich da einließ? Warum wurden die Attentatswarnungen des Belgrader Kabinetts zur bevorstehenden Fahrt des Thronfolgers nicht ernst genommen? Wer war für die Sicherheit des Konvois verantwortlich? Spielten deutschnationale Kräfte in Österreich vielleicht Hand in Hand mit serbischen Nationalisten jene Rolle, wie der Nachrichtenoffizier, den die österreichischen Ermittler als den Verbindungsmann zur Belgrader Regierung hinstellten?

Welche Rolle spielte Conrad von Hötzendorf? Ist es nicht merkwürdig genug, dass er sich bis zum 27. Juni, also einen Tag vor dem Attentat, in der Nähe des Thronfolgers aufhielt, um dann überraschend nach Karlovac abzureisen? Welche Ideologie und

Geisteshaltung vertrat Conrad von Hötzendorf überhaupt? Die Fachliteratur kennt fast alle seine militärischen Äußerungen, Ideen und Daten, aber über seine persönliche Einstellung scheint wenig bekannt zu sein.

Diese Fragen gewinnen umso mehr an Bedeutung, wenn man die Einschätzung eines involvierten Zeugen dieser Zeit, Edmunds von Glaise-Horstenau, zum Vergleich heranzieht. Er schreibt: „Conrad v. Hötzendorf trat im Juli 1914 trotz der gegenüber früheren Jahren für die Mittelmächte schon recht ungünstigen Weltlage nicht zuletzt deshalb dafür ein, der kriegerischen Auseinandersetzung nicht aus dem Wege zu gehen, weil er eingestandenermaßen besorgt war, die Zunahme der nationalen Wirren könnte der Armee die moralische Festigkeit rauben, die sie noch besaß." Also, „die Flucht nach vorne antreten" hieß Conrads Ziel und das war vielleicht sogar die richtige Konsequenz, wenn man beabsichtigte, die Probleme militärisch zu lösen.

Aber Glaise-Horstenau äußert sich auch über den Thronfolger: „Franz Ferdinand wurde nicht ermordet, weil man in ihm ein den Weltfrieden gefährdendes Hindernis der inneren Befriedung des Habsburgerreiches sah, sondern weil man ihm im Gegenteil den festen Willen und auch die Fähigkeit zuschrieb, das österreichische Problem erfolgreich lösen zu können..."

Wenn diese Charakterisierung stimmt, dann ist Franz Ferdinand auf jeden Fall allen Kriegstreibern, hüben wie drüben, ein Dorn im Auge. Auch dazu gibt es einige merkwürdige, fast visionäre Aussagen von namhaften Persönlichkeiten, lange vor dem Attentat. So äußert sich bei einer Festtafel mit Mitgliedern des montenegrinischen Fürstenhauses eine der Großfürstinnen mit bebender Stimme zu dem neben ihr sitzenden französischen Botschafter: „Es wird zum Krieg kommen (...). Von Österreich wird nichts übrig bleiben. Sie werden Elsaß-Lothringen nehmen und unsere Armeen werden sich in Berlin die Hand reichen. Deutschland wird vernichtet werden." Fast parallel dazu erklärt ein montenegrinischer Gesandter seinem österreichischen Kollegen: „Alle diese (nationalen) Fragen werden einst und vielleicht schon bald durch einen großen Weltkrieg ihre Lösung finden." Woher diese Weitsicht und Sicherheit?

Eine viel besser nachvollziehbare Vision hat eine alte Frau im steirischen Weinland. Ihre Tochter erzählt: „Im Juni 1914 wurde im Markte Eibiswald ein großes Fest vorbereitet. Der Aufzug einer großen Glocke sollte festlich begangen werden. Am Peter-und-Paul-Tag war es dann soweit. Von allen Seiten strömten die Leute in den Ort, viele weiß gekleidete Mädchen darunter. Auch meine Eltern gingen mit uns Kindern zum Fest. Wir standen beim Pfarrhof-Eingang mit anderen Herren. Ich sah die Glocke nur kurz, als mich mein Vater hochhob. Alles war in festlicher Stimmung und in Erwartung des Ereignisses. Plötzlich brach die Musik ab und es trat eine große Stille ein. Die Herren sprachen leise und aufgeregt miteinander. Meine Mutter hörte, was sie sagten. Sie nahm mich bei der Hand und ging mit mir weg. Nach wenigen Schritten sagte sie: „Der Thronfolger ist tot. Das bedeutet Krieg! Das bedeutet Krieg!“ Und das für mich Schreckliche geschah: Ich sah meine Mutter das erste Mal weinen!“

Die betagte Frau sollte recht behalten. Doch wie dieser Krieg losgetreten wurde, ist ebenfalls eine Kuriosität. „Dilettantischer ist noch nie ein Krieg vom Zaun gebrochen worden als der Krieg gegen Serbien im Juli 1914“, schreibt Franz Fellner in seiner Publikation „Mission Hoyos“.

Das Gefecht bei Temes Kubin

Auf dem Aktenbogen, der die Kriegserklärung enthält, nämlich jenem „Alleruntertänigsten Vortrag“ Graf Berchtolds an den Kaiser, findet sich unter anderem folgender Text: „Einer Meldung des 4. Korpskommandos zufolge haben serbische Truppen von Donaudampfern (aus) bei Temes Kubin gestern unsere Truppen beschossen und es entwickelte sich auf die Erwiderung des Feuers hin ein größeres Geplänkel. Die Feindseligkeiten sind hiermit tatsächlich eröffnet worden und es erscheint daher umso mehr geboten, der Armee (...) jene Bewegungsfreiheit zu sichern, welche sie nur bei Eintritt des Kriegszustandes besitzt (...).“

Der Hinweis auf das Gefecht bei Temes Kubin wird auch in den Text der Kriegserklärung aufgenommen und mit diesen Passagen dem Kaiser zur Genehmigung vorgelegt. Tatsächlich aber handelt es sich um eine Falschmeldung. Bei Temes Kubin hat es kein Gefecht gegeben. Angeblich soll die Originalmeldung über das Gefecht vom Kommando des IV. Korps an den k.k. Generalstab nach Wien telegrafiert worden sein, wo der Wortlaut folgendermaßen gelautet haben soll: „Temes Kubin: Serbische Soldaten auf (unser) Schiff und eigene Truppen Feuer eröffnet, großes Geplänkel, Anzahl Tote und Verwundete nicht bekannt." Der Text der Meldung lässt darauf schließen, dass sie wohl aus Budapest eingelangt sein musste. Erst nachdem die Meldung an Berchtold weitergegeben wurde, soll seitens des Generalstabes versucht worden sein, sie auch zu bestätigen. Zuerst recherchiert man in Budapest und dann in Temesvar bei jenem Kommando, zu dem die 7. Infanteriedivision gehört. In Temesvar ist aber von einem Gefecht bei Temes Kubin nichts bekannt.

Zu Mittag des 27. Juli wird dennoch das österreichisch-ungarische Korrespondenzbüro über die Kampfhandlung informiert und anschließend Berchtold nach Bad Ischl geschickt, um dem Kaiser die Kriegserklärung für die endgültige Unterschrift vorzulegen. Der Monarch unterschreibt, nicht ahnend, dass er eine Falschmeldung vorgelegt bekam. Mit dem unterzeichneten Papier im Gepäck fährt Berchtold zurück nach Wien und streicht dort am Morgen des 28. Juli die Passage über Temes Kubin einfach aus der Kriegserklärung heraus.

Mittlerweile wird aber unter Bezugnahme auf die von serbischer Seite eröffneten Feindseligkeiten große Politik gemacht. Ebenfalls am 27. Juli wird dem russischen Botschafter, der zu größter Zurückhaltung aufgefordert hat, geantwortet, dass dies schwer möglich sein wird, da auf der Donau bereits ein Scharmützel stattgefunden habe und Serbien dabei als Aggressor aufgetreten sei. Der Russe verspricht, sofort auf Serbien einzuwirken, damit es auf jegliche Gewaltanwendung verzichte. Außerdem teilt er mit, die Serben würden sich sogar bei einem österreichischen Vormarsch zurückziehen, um so lange wie möglich Kampfhandlungen zu vermeiden. Doch die Kriegsmaschinerie ist nicht mehr aufzuhalten.

Noch einmal stellt sich die Frage, was es mit dem Gefecht bei Temes Kubin auf sich hat. Dass es nicht stattgefunden hat, ist evident. Weder bei den Akten der Militärkanzlei des Kaisers noch bei den Generalstabsakten, den Operationsakten oder in anderen Beständen der so genannten neuen Feldakten ist ein derartiges Telegramm vorhanden. Es gibt aber auch keine Eintragung in irgendeiner Registratur. Nichts! Und das bei einem für den Kriegsbeginn so wichtigen Dokument. Wenn es also das Telegramm überhaupt jemals gegeben hat, dann wurde es wahrscheinlich aus gutem Grund vernichtet.

Der Hinweis, dass serbische Truppen ohne Kriegserklärung das Feuer eröffnet haben, lässt sich hervorragend dazu verwenden, Serbien als Aggressor erscheinen zu lassen, was vor allem für die Haltung Italiens und Rumäniens von höchster Wichtigkeit ist. Denn wenn die beiden überhaupt zum Dreibund stehen, dann wohl nur im Fall eines Krieges, der Österreich-Ungarn oder Deutschland nicht als Angreifer sieht. Darüber hinaus dient das nicht stattgefundene Gefecht auch dazu, nach innen deutlich zu machen, dass die Monarchie einen Verteidigungskrieg beginnt. Das ist nicht nur eine Frage der Optik, nein, es ist noch viel mehr eine Maßnahme, die sicherstellen soll, dass all jene, die vielleicht nicht bereit sind, einen Angriffskrieg zu unterstützen, die Notwendigkeit zur Verteidigung vor Augen geführt bekommen.

Nun sind die Geschehnisse also unverrückbar ins Rollen gebracht und das Spiel von Falschheit und Intrigen wird munter fortgesetzt. 48 Stunden lang (!) denkt scheinbar niemand daran, den obersten Kriegsherrn darüber zu informieren, dass die von ihm unterzeichnete Kriegserklärung nachträglich manipuliert wurde. Erst am 29. Juli 1914, einen Tag nach Absendung der Kriegserklärung, meldet Berchtold den Sachverhalt an den Kaiser. Man will sichergehen, dass diesmal kein „Zurück“ mehr möglich ist. Die Rechnung geht auf. Franz Joseph fügt sich dem Schicksal mit den Worten: „Der Allmächtige lässt sich nicht herausfordern. Eine höhere Gewalt hat wieder jene Ordnung hergestellt, die ich leider nicht zu erhalten vermochte.“

Königgrätz lässt grüßen

Es gibt keinen Zweifel: Die österreichisch-ungarische Armee, die nun in den Krieg ziehen muss, ist maßgeblich veraltet. Genau betrachtet, rückt eine Armee ins Feld, die im Großen und Ganzen denselben Rahmen besitzt, den ihr die Organisatoren nach der Schlacht bei Königgrätz 1866 gegeben haben.

Noch vor dem Krieg ist ihr ein wesentlicher gesellschaftlicher Aspekt zu Eigen, den auch mein Großvater gut kennt. Die jährlichen Manöver sind wie ein vergnüglicher Sommerurlaub. Die Jahrestage des Regiments werden fröhlich gefeiert. Die Musikkapelle spielt, der Wein fließt in Strömen und auch sonst gibt es eine Menge Annehmlichkeiten. Der Ehrenoberst, entweder ein Fürst, der Erzherzog oder vielleicht der Kaiser selbst, kommt an den Festtagen zu Besuch und die Truppe fühlt sich als Kulturträger in ihrer jeweiligen Garnison.

Soldaten in ihren schmucken Uniformen gehören zum Erscheinungsbild jedes größeren Ortes. Jeder Offizier kann von sich behaupten, dass er des Kaisers Rock trägt und damit in einem besonderen Treuverhältnis zum Monarchen steht. Ein Oberst oder Regimentskommandant verkörpert schon ein gutes Maß an Macht und einem Korpskommandanten, der mit „Exzellenz" anzusprechen ist, zollen sogar Ministerpräsidenten höchsten Respekt.

Wo es noch keine Garnison gibt, wird häufig von Gewerbetreibenden und Bürgern versucht, dem Staat den Bau einer Kaserne vorzufinanzieren, um der folgenden wirtschaftlichen Vorteile teilhaftig zu werden. Um den Beamtenapparat bemüht man sich bei weitem nicht so, obwohl er größer ist als die Armee. Die österreichisch-ungarischen Truppen belaufen sich in Friedenszeiten auf 415.000 Mann, während der Beamtenstand der Monarchie 550.000 Personen zählt.

Unabhängig von der Stärke der Armee in Friedenszeiten ist sie auch stark überaltert, wenig flexibel und nur beschränkt leistungsfähig. Im Juli 1914, als die Mobilmachung erfolgt, kommt eine weitere Kuriosität hinzu: Ein Großteil der aktiven Mannschaften ist zu Hause auf Ernteurlaub, eine Besonderheit, die es wohl zu diesem Zeitpunkt nirgendwo sonst noch gibt. Allein die Rückberufung dieser Mannschaften vor der offiziellen Kriegerklärung würde größtes Aufsehen erregen und unverzüglich Gegenmaßnahmen der Kriegsgegner nach sich ziehen. Daher unterbleibt sie und es werden lediglich keine weiteren Ernteurlaube mehr ausgestellt.

Ein Krieg ohne Parlamentsbeschluss

Das Kernproblem der österreichischen Kriegswirtschaft vor 1914 liegt außerdem in ihren unzureichenden Voraussetzungen. Die politische Klasse in Österreich riskiert zwar den Weltkrieg, aber das Land ist für einen solchen Krieg ökonomisch nicht vorbereitet. Niemand, auch nicht die Kriegsgegner, rechnet mit einem langen Krieg. Es gibt keine Vorräte, es gibt keine Organisationspläne und es gibt auch keine Bewirtschaftungspläne. Erst nach und nach zwingt die Not zur improvisierten Organisation. Jenes oftmals praktizierte, österreichisch-habsburgische „Zu spät" regiert wiederum in weiten Teilen des Landes. Allerdings gibt es ein Gesetz, welches den Staat ermächtigt, die ganze Wirtschaft in den Kriegsdienst zu stellen. Von dieser Kriegsleistung profitiert zunächst die bedeutsame Großindustrie, die enorme Extragewinne erzielt. Daher drängen viele Unternehmer, unter diese Kriegsleistung gestellt zu werden. Ihre Betriebe müssen dann bevorzugt beliefert werden und die Belegschaft steht unter militärischem Disziplinarrecht. Grundrechte der Arbeiterschaft werden somit aufgehoben und es kommt zu einer außergewöhnlich umfangreichen Entrechtung der Arbeiterschaft, die ständig Anlass zu ernsthaften Konflikten gibt.

Ein anderer Konflikt entwickelt sich zwischen der Armee und den zivilen Behörden. Österreich tritt ohne parlamentarischen Beschluss in den Krieg (seit März 1914 vertagt). Daher kommt es zu einer politischen und ökonomischen Dominanz des Militärs, die zu absolutistischen Verhältnissen führt. Autoritär regieren wollen in dieser Ausnahmesituation aber auch die zivilen Behörden, jedoch mit etwas anderem Augenmaß. Die Pläne des Generalstabschefs Conrad von Hötzendorf gehen sogar so weit, eine offene Militärdiktatur mit der totalen Kontrolle über Verwaltung und Wirtschaft in Österreich zu installieren. Im letzten Augenblick erst legt sich die zivile Regierung mit ihren Zentralämtern quer und es kommt in der Folge zur unökonomischsten Situation von zwei Kriegswirtschaften: einer militärischen und einer zivilen.

Euphorie macht sich breit

Nach vielen Pannen, Ungereimtheiten und Missverständnissen ist es am 31. Juli endlich amtlich: Der Krieg beginnt. Es sind im Grund überall dieselben Kreise, die den Krieg denken, ihn fürchten oder herbeisehnen. Ja, es ist den allermeisten ganz egal, wie dann das Unausweichliche zustande kommt, und mehr noch: Es ist wie eine Erleichterung, als der Krieg endlich ausgelöst wird.

Als der Krieg da ist, wird der Sieg beschworen. Pflicht, Unvermeidlichkeit, Verteidigungskrieg, Einigkeit und Gott sind die Schlagworte, an denen weder die österreichische noch die ungarische Opposition vorbeikommt.

Gerade der intellektuelle Anstoß zum Krieg lässt jene ungeheure Kriegsbegeisterung hochkommen, die ein Phänomen dieses Jahrhunderts werden sollte. Studenten, Professoren, Künstler, Philosophen, Dichter, Schriftsteller, Priester, Atheisten, Anarchisten, politische Aktivisten, Radikale: Alle wollen dabei sein, wenn die „Pax Europa" zu Ende geht. Man kann sie eigentlich unterschiedslos aufzählen: Romain Rolland, Henri Bergson, Max Scheler, Ernst Haeckel, Frederic Harrison, Sigmund Freud, Georgi Plechanov, sie alle sehen im Krieg nicht das Entsetzliche, sondern die Veränderung und nur ganz wenige können sich der Suggestion entziehen und anderes als den Aufbruch, nämlich auch das Ende eines europäischen Jahrhunderts, sehen.

Ernst Karl Winter, später ein ebenso katholischer wie „linker" Vordenker, schreibt am 19. Juli 1914 in der Zeitschrift „Groß-Österreich": „Weil wir wissen, dass erst aus einem Krieg das neue und große Österreich, das glückliche, seine Völker befriedigende Großösterreich geboren werden kann, darum wollen wir den Krieg."

Daher will auch kaum einer fehlen, melden sich Scharen von Intellektuellen freiwillig als Soldaten oder wollen zumindest - wie Stefan Zweig - im Hinterland für die eigene Sache wirken. Trakl, Wittgenstein, der degradierte Arzt Arthur Schnitzler, Maler, Denker, Natur- und Geisteswissenschaftler, Juristen, Reiche, Arme, Genies und Toren - sie alle sind gleichermaßen erregt und wollen dabei sein, wenn die Welt von gestern zu Grabe getragen wird.

Am 1. August 1914 versammelt sich auf dem Odeonsplatz in München, der Hauptstadt des Königreiches Bayern, ebenfalls eine Volksmasse, um die Proklamation der Kriegserklärung zu hören. Darunter befindet sich auch ein gewisser Adolf Hitler, der später über die Versammlung schreibt: „Ich schäme mich auch heute nicht zu sagen, dass ich, überwältigt von stürmischer Begeisterung, in die Knie gesunken war und dem Himmel aus übervollem Herzen dankte, dass er mir das Glück geschenkt hatte, in dieser Zeit leben zu dürfen."

In den allgemeinen Jubel, der sich überall über den Ausbruch des Krieges breit macht, mischen sich aber auch bittere Tränen. Bei den Bauern etwa, wie sich ein Zeitgenosse erinnert: „Einen zwanzigjährigen Burschen kann ich auch nie vergessen. Soeben hatte er (...) von seiner alten Mutter Abschied genommen, die Tränen rannen ihm über die Wangen und das Schluchzen konnte er kaum unterdrücken; aber als er einen gedienten Kaiserjäger, der vor dem Wirtshaus stand, überlaut jauchzen hörte, versuchte auch er, seinen Mut zu beweisen und ebenfalls zu jauchzen, doch der Versuch ging im Schluchzen unter." Anders ist die Stimmung bei den meisten Arbeitern. Für sie heißt die Devise: „Wir hab'n eh ka Arbeit. Ziag'n ma halt in Kriag! Hab'n ma wenigstens was zu essn." Aber die Begeisterung hält nicht lange an. Bei Kriegsausbruch mobilisiert Österreich-Ungarn 1,8 Millionen Mann in sechs Armeen, von denen schon 600.000 im ersten Kriegshalbjahr fallen.

Ein Reich macht mobil

Am 31. Juli, anlässlich der allgemeinen Mobilmachung, erfährt diese Stimmung eine nochmalige Steigerung. Die Plakate mit der allgemeinen Mobilmachungsorder werden am 31. Juli und am 1. August affichiert. Nicht jeder versteht sie. In die „Hurras" mischen sich aber auch schon Tränen. Am Land läuten die Glocken Sturm. Boten auf Rädern und zu Fuß suchen auch die entlegensten Ortschaften und Gehöftgruppen auf.

Jene, die mit ihren Pferden stellungspflichtig sind, kommen selbstverständlich auch mit ihren Tieren, denn schließlich soll ein k.u.k. Infanterieregiment nach Mobilmachung etwa 270 Pferde, ein k.u.k. Feldkanonenregiment 70 und ein Kavallerieregiment 1.250 Pferde zählen.

Für die Länder der Habsburgermonarchie scheint es gar keine Frage zu sein, dass es Krieg gegen Serbien geben muss und dass man siegen wird. An Russland denkt man freilich weniger. Als dann die Mobilmachung verlautbart wird, vollzieht sich das Einrücken reibungslos bis übereilig. Manch einer will den ersten Mobilmachungstag gar nicht zur Ordnung seiner Privatangelegenheiten nutzen. Die waren meist schon geregelt. Der Tag hat auch mehr für die aktiv dienenden Soldaten Sinn als für die Reservisten. Auch die Ausweitung der Mobilmachung auf sämtliche Korpsbereiche und die Aufbietung des Landsturms bis 42 Jahre gehen planmäßig vor sich.

Zu einem k.u.k. Infanterieregiment mit seinen vier Bataillonen rücken solcherart bis zu 10.000 Soldaten zusätzlich ein, von denen etwa die Hälfte in Erstkompanien zurückbleiben soll. Auch die Landwehr- und die ungarischen Honved-Infanterieregimenter und natürlich alle anderen Truppenkörper erwarten jeweils Tausende an Reservisten und Ersatzreservisten sowie Hunderttausende Pferde. Die Männer müssen nach Vorweis ihrer gelben Einberufungsscheine eingewiesen, ärztlich untersucht, gemäß ihrem Wehrpass den Einheiten zugeteilt, eingekleidet, ausgerüstet und bewaffnet werden. Dann beginnen Exerzier- und Gefechtsübungen, jagen sich Unterrichts- und Instruktionsstunden, in denen die Bestimmungen des Standrechts ebenso wie die Verwendung des Verbandszeugs in Erinnerung gerufen werden. Doch das alles geschieht zum wenigsten in einer geordneten Abfolge, sondern in einem mehr oder weniger wilden Durcheinander, das innerhalb weniger Tage die 415.000 Mann des präsenten Heeres wie die 1,5 Millionen Mobilgemachten erfasst.

Es treten die Bestimmungen des Kriegsleistungsgesetzes in Kraft. Die wichtigste Konsequenz daraus ist die Arbeitspflicht, denn sie erfasst theoretisch alle nicht wehrpflichtigen Männer, die das 50. Lebensjahr noch nicht vollendet haben. Gerätschaften und Tiere, vor allem Pferde, werden vom Staat angefordert. Autos, Fuhrwerke, Baulichkeiten jeglicher Art im Frontbereich und im Hinterland werden angemietet oder ausgelöst, kriegswichtige Betriebe bis hin zu Großindustrien militarisiert. Verstöße gegen das Kriegsleistungsgesetz werden nach dem Militärstrafgesetz geahndet. Der Staat sichert sich damit diktatorische Rechte und stellt sicher, dass die Rechte der Staatsbürger bei Geltendmachung militärischer Notwendigkeiten so gut wie aufgehoben sind.

Der letzte Aufmarsch
Was nun folgt, würde den Rahmen dieses Buches bei weitem sprengen. Abgesehen davon, sind mit den wahnwitzigen Materialschlachten des 1. Weltkrieges ohnehin die Geschichtsbücher mehr als voll. Ob Russlandfront, Isonzo, Verdun oder Marne: Es handelt sich immer um noch größere, schwerere, brutalere und sinnlosere Gemetzel, als es sie je zuvor gegeben hat. Der Krieg hat eine Dimension erreicht, wie sie die Welt bis dahin noch nicht gekannt hat.

Es gehört zu den besonderen Eigenheiten kriegsführender Nationen und ihrer Feldherrn, dass sie mit zunehmender Dauer eines Waffenganges immer mehr den Blick auf die Realität verlieren. Österreich-Ungarn, der Kaiser, der oberste General und all die Minister machen da keine Ausnahme. Auch für sie steht Zweckoptimismus an oberster Stelle, obwohl klar ist, dass das Reich nicht nur an den Fronten, sondern auch im Hinterland im Zusammenbruch begriffen ist. Dabei gibt es schon seit längerem Alarmzeichen, die entweder bewusst ignoriert oder einfach fehlgedeutet werden.

Am 11. Mai 1916 finden in Wien die ersten großen Hungerkrawalle statt, die zumindest dem stellvertretenden Chef der kaiserlichen Militärkanzlei eine Eintragung in sein Tagebuch wert sind. Aber dabei bleibt es. Nach nicht ganz zwei Kriegsjahren und der immer bedrohlicher werdenden Unterversorgung der Bevölkerung sowie einer explosionsartigen Teuerung der Lebensmittel müsste dieses Alarmsignal sofortige Maßnahmen nach sich ziehen. Aber die oberste Kriegsführung und deren Armeen stehen gerade siegreich im Feld und wollen sich um die Lage der Menschen daheim in den Dörfern und Städten vielleicht ganz bewusst nicht kümmern.

So kommt es immer mehr zur Radikalisierung des Hinterlandes und der Ausbildung von irreversiblen Zuständen, die durch den Weltkrieg bedingt sind, die aber dessen Betreiber nicht wahrhaben wollen. Deren Zustand gleicht dem Sinnbild eines angeschossenen Raubtieres, wenn es erkennt, wie ausweglos seine Situation ist. Einerseits sehen die Führer die Unmöglichkeit, eine militärische Entscheidung herbeizuführen, andererseits ist durch die Bündnispolitik auch ein Waffenstillstand oder Separatfrieden in den Bereich der Utopie gerückt. An den Fronten, die mit den Mitteln der herkömmlichen militärischen Operationen nicht mehr beherrscht werden können, wird der Einsatz immer radikalerer Mittel forciert. Es wird ein Maximum an verfügbarer Gewalt eingesetzt und jedes neue Kampfmittel erprobt, immer in der Hoffnung, die Fronten aufbrechen zu können und damit die Niederwerfung des Gegners zu erzwingen.

Doch auch der Umgang mit den Soldaten und Reservisten hat in seiner Negativität eine bisher nicht bekannte Dimension erreicht. Durch das veraltete System der Marschformationen, die monatlich an die Front geführt werden, degradiert man die einst hoch geachteten Soldaten zum reinen Menschenmaterial. So werden sie in die Schlacht geworfen ohne vorherige Integration in die Regimenter, ohne besondere Ausbildung und ohne Angewöhnung an den Krieg.

Erstmals in einem Krieg wird der Begriff „verbrauchte Soldaten“ verwendet und in der Tat sind sie nichts anderes als unerfahrene, ein wenig furchtsame junge Männer, Bauern, Handwerker, Studenten, Angestellte und Arbeiter, die brutal aus ihrer gewohnten Umgebung gerissen und in die letzten Schlachten geworfen werden.

Schon eine kurze, intensive Schulung würde ihre Kampfeskraft und ihre Überlebenschancen erheblich erhöhen. Aber das System ist eingespielt und starr und lässt keine Veränderung zu. Seit 1916 decken die zugeführten Marschformationen dennoch nicht einmal mehr die Verluste ab, obwohl die Heeresführung alles einberuft, was eine Waffe halten kann.

Auch wer noch so patriotisch eingestellt ist, kann sich den Ausführungen des deutschen Botschafters Heinrich von Tschirschky anlässlich einer Konferenz in Wien nicht entziehen: „Je länger der Krieg dauert, desto mehr drängt sich die Frage auf, wie lange die österreichisch- ungarische Monarchie noch im Stande sein wird, den Kampf auszuhalten (...) Es fehlt an jeder durchgreifenden Organisation und wo die Ansätze nach unserem Muster gemacht worden sind, müssen diese noch an der landesüblichen Schlamperei und Protektionswirtschaft scheitern. Nirgends wird systematisch vorgegangen und Verordnungen werden ohne Sachkenntnis und ohne Anhörung von Fachleuten (...) erlassen.“

Ein Kaiser ohne Reich

Am 21. November 1916 stirbt Kaiser Franz Joseph. Man muss weit zurückgehen in der österreichischen Geschichte, um einen vergleichbaren Fall des Dahinscheidens eines Monarchen während eines Krieges zu finden. Doch jedes Beispiel, das sich finden ließe, wäre sofort mit der Feststellung zu begleiten, dass der Tod Franz Josephs in einer für sein Reich unvergleichlich kritischen Situation erfolgt.

Die Aufmerksamkeit der Welt, der Bevölkerung und der Armee gilt nun schlagartig dem neuen Herrscher Karl I. Der neue Kaiser und König tritt mit einer Mischung aus Unerfahrenheit, Idealismus, Trotz, persönlichen Ambitionen und zahlreichen Abneigungen seine Herrschaft an. Doch er hat keine wirkliche Chance in diesem Krieg voller Chaos und Widersprüche, voller Bündnisse und Einflussnahmen. Auch sein ehemals stolzes Reich besteht mittlerweile nur noch auf der Landkarte.

Schon zur Zeit des Thronwechsels mehren sich in der Donaumonarchie die Zeichen, dass die Untertanen der k.u.k. Majestät Hunger und Entbehrungen nicht länger ertragen wollen. Dass sich die Situation dramatisch verschlechtert, wird schon nach dem Einbringen der Ernte im Sommer 1916 erkennbar.

Nur eine strikte Bewirtschaftung könnte eine Hungerkatastrophe noch verhindern helfen. Außerdem müssten rigorose Maßnahmen ergriffen werden, um die krassen Unterschiede zwischen den Reichsteilen und Kronländern, aber auch zwischen Reichen und Armen mindern zu können.

Für die österreichische Reichshälfte lässt sich resümieren: Galizien, das ein Drittel der Ackerfläche der österreichischen Reichshälfte besaß und in dem zu Friedenszeiten ein Viertel der Körnerfrucht Cisleithaniens geerntet wurde, ist durch den Krieg, die Flucht der Bevölkerung und den dort unmittelbar zu deckenden Armeebedarf als Lieferant so gut wie ausgefallen. Ausfälle gibt es auch in anderen Gebieten, vor allem durch den Mangel an Bauern und Hilfskräften, den Mangel an Dünger und die abnehmende Zahl der Pferde, da im Winter 1916/17 das große Pferdeschlachten einsetzt. Ihm folgt das Pferdesterben. Gegenüber dem letzten Friedensjahr ist der Ertrag an Getreide 1916 bereits auf weniger als die Hälfte gesunken und als eine Folge des Kriegs mit Rumänien sackt auch der Import auf ein Drittel ab.

Kaiser Karl erreichen Briefe, die an Deutlichkeit nichts zu wünschen übrig lassen. „Senden Sie den Kriegsminister nicht an die Front, Majestät, dort ist jetzt noch der lichteste Punkt unseres Elends", heißt es in einer derartigen Zuschrift und weiter: „Senden Sie ihn zu den Ersatzkadres, wo sich schwer lungentuberkulöse Leute über den Exerzierplatz schleppen... Senden Sie den Kriegsminister an die Peripherie Wiens, nach Ottakring, Favoriten, wo die zu unkenntlichen, typischen Hungergestalten herabgekommenen Frauen, abgezehrte Kinder am Arm, vor den Läden angestellt sind ... Ihre Minister, Majestät, sehen nur die Menschen auf der Kärntnerstraße, die der fette Kriegsgewinn vor Hunger und Unterernährung schützt - um viel Geld ist ja noch alles zu haben ... Majestät! Ihr Name als Friedenskaiser wird diesen Weltbrand überdauern und in der Geschichte fortleben: Lassen Sie ihn nicht durch engherzigen Machtwillen beflecken und opfern Sie, ehe es zu spät ist, bei der aller ersten Gelegenheit den Teil Ihrer Hausmacht, dessen Opfer der Treue Ihres Volkes wert ist."

Schritte für den Frieden

Nach einer letzten gegenseitigen Information wird am 12. Dezember die Friedensnote der Mittelmächte den neutralen Schutzmächten, USA, Schweiz und Spanien, zur Weiterleitung an die Entente und die mit ihr verbündeten Staaten übergeben. Die wichtigste Passage lautet: „Getragen von dem Bewusstsein ihrer militärischen und wirtschaftlichen Kraft und bereit, den ihnen auferlegten Kampf nötigenfalls bis zum Äußersten fortzusetzen, zugleich aber von dem Wunsche beseelt, weiteres Blutvergießen zu verhüten und den Gräueln des Krieges ein Ende zu machen, schlagen die vier verbündeten Mächte vor, alsbald in Friedensverhandlungen einzutreten. Die Vorschläge dazu, die sie zu diesen Verhandlungen mitbringen werden und die darauf gerichtet sind, Ehre, Dasein und Entwicklungsfreiheit ihrer Völker zu sichern, bilden nach ihrer Überzeugung eine geeignete Grundlage für die Herstellung eines dauerhaften Friedens. Wenn trotz dieses Anerbietens zu Frieden und Versöhnung der Kampf fortdauern sollte, so sind die vier verbündeten Mächte entschlossen, ihn bis zum siegreichen Ende zu führen. Sie lehnen aber feierlichst jede Verantwortung vor der Menschheit und der Geschichte ab."

Die große Ernüchterung für die illusionäre Friedenspolitik, in der noch immer von weit ausgreifenden Eroberungen geträumt wird, kommt dann Anfang 1917. Am 5. Januar trifft die Antwort der Ententemächte auf die Friedensnote der Mittelmächte in Washington ein. Es werden Intention und Diktion der Friedensnote verworfen. Der Krieg sei von Deutschland und Österreich-Ungarn gewollt, hervorgerufen und erklärt worden, daher sei kein Waffenstillstand auf dieser Basis möglich. Der letzte Funken Hoffnung schwindet dahin.

Der Krieg frisst seine Kinder

Am 6. April 1917 erklären die USA dem deutschen Reich den Krieg, nicht aber Österreich-Ungarn. Noch einmal sieht Karl eine minimale Chance für einen Sonderfrieden, doch wie schon bei allen früheren Versuchen steht die Bündnispflicht dazwischen, die sich nicht vom Tisch wischen lässt. Ein aller-, allerletztes Mal werden die noch irgendwo auffindbaren Reserven in die Schlacht geworfen. Doch jetzt wird auch die Situation im Hinterland von Tag zu Tag dramatischer.

Am 22. Mai 1917 wird eine neue Ablieferungsverordnung für Glocken bekannt gemacht. Sämtliche Kirchenglocken sollen abgenommen werden. Aber das ist bereits mehr, als man zu geben bereit ist. Es gibt massive Einwände. Doch das k.u.k. Kriegsministerium antwortet lakonisch: „Im Hinblick auf die Bestimmungen der Verordnung und den gesteigerten Munitionsbedarf für die Armee im Felde ist es nicht möglich, über den Rahmen dieser Verordnung hinausgehend Verfügungen zu treffen."

Es hilft nichts, der Großteil der Glocken muss abgeliefert werden. Allein Tirol und Vorarlberg liefern auf diese Weise von 1916 bis 1918 über drei Millionen Kilo Metall ab. Es müssen 1917 aber auch die Kupferdächer und Blitzableiter aus Kupferdraht übergeben werden. Leuchter, Lampen, Ziborienkronen, Kreuze von Prozessionsfahnen und vieles mehr fallen der Beschlagnahmung anheim. Es klingt daher fast wie ein Hohn, als dann Ende 1917 und 1918 das Glockenläutverbot in einem Großteil des bis dahin zum Hinterland des Kriegsgebiets zählenden Bereichs aufgehoben wird. Es gibt nichts mehr zu läuten! Mittlerweile sind auch die Glockenseile abgenommen und an das Ärar zu den festliegenden Preisen verkauft worden.

Ab dem Sommer 1917 werden die Felder bewacht, um Plünderungen zu verhindern. Mancherorts stellen die Bauern einen eigenen Flurschutz auf, um die Feldfrüchte überhaupt ernten zu können. Der Gegensatz zwischen Stadt und Land eskaliert. Die nicht agrarische Bevölkerung wirft den Bauern vor, dass sie keine Opfer brächten und dass ihr Patriotismus nicht über die Gemeinde- bzw. Bezirksgrenzen hinausreiche. Die Polarisierung schreitet unaufhaltsam voran.

Eisenbahner treten in den Ausstand, obwohl das Eisenbahnwesen militarisiert worden ist. Erst massive Drohungen, Bestrafungen und Beschwichtigungen bringen sie wieder dazu, ihren Dienst zu versehen. Doch die Arbeiter sind sich ihrer Unentbehrlichkeit für die Kriegsführung bewusst geworden und nützen die neue Situation und das neu gewonnene Selbstverständnis. Das k. k. Landesverteidigungsministerium hat immer seltener Erfolg mit seiner Beschwichtigungspolitik und die Kundmachung über die Unzulässigkeit von Streiks führt fast nirgends zum gewünschten Ergebnis. Daher geht man daran, die Arbeiter regelrecht einzufangen.

Schließlich erfolgt am 8. Juli 1917 die allgemeine Militarisierung der Industrieunternehmen. In den kriegswichtigen Betrieben werden Landsturmabteilungen aufgestellt. Alle wehrpflichtigen Arbeiter werden in diese Abteilungen eingereiht und militärisch vereidigt. Außer Frauen, Arbeitern über 50 Jahren, Ausländern und Kriegsgefangenen entgeht fast niemand dieser Militarisierung. Alle in die Landsturmabteilungen eingereihten Arbeiter leisten von nun an als aktive Militärpersonen ihren Dienst in den Industrieunternehmen und unterliegen der militärischen Disziplin. Sie dürfen auch nicht mehr an politischen Aktivitäten teilnehmen. Damit leitet man ausgerechnet zu einem Zeitpunkt, als vom Ende der Militärdiktatur gesprochen wird und eine Demokratisierungswelle Raum fasst, eine gegenläufige Bewegung ein, die mit einem besonders nachhaltigen Eingriff beginnt. Dass die Bevölkerung abseits der Front und ihres unmittelbaren Hinterlands so gut wie kein Interesse mehr für das Kriegsgeschehen aufbringt, versteht sich von selbst.

Wäre das Begriffspaar „Triumph und Tragödie“ nicht schon so abgedroschen, so müsste man es auf die ersten Wochen und Monate des Jahres 1918 anwenden. Der Zusammenbruch der Donaumonarchie beginnt parallel zu ihren größten militärischen und politischen Erfolgen. Fast taggleich werden Frieden diktiert, gibt es Massenstreiks, erreichen die k.u.k. Truppen bei Odessa das Schwarze Meer, zerbricht das Bündnis mit dem Deutschen Reich in seiner bisherigen Form, revoltieren Flotteneinheiten und Ersatzmannschaften. Das Ende zeichnete sich ab. Und immer wurzelt das eine im anderen und wäre ohne dieses andere nicht denkbar.

Am Morgen des 14. Januar 1918 versammeln sich die Arbeiter der Daimler-Werke in Wiener Neustadt im Hof ihrer Fabrik, um gegen die neuerliche Kürzung der Mehlquote zu protestieren. Die Arbeiter ziehen anschließend zum Rathaus. Arbeiter anderer Fabriken schließen sich ihnen an. Der Stadtrat telefoniert noch mit dem Ernährungsministerium. Minister Höfer will daraufhin mit einer Deputation der Arbeiter sprechen. Doch diese lehnen ab. Am nächsten Tag greifen die Streiks auf andere Industrien im Steinfeld und im Alpenvorland sowie in der Steiermark über. Dann werden Unruhen aus Triest gemeldet. Die Arbeiterschaft lässt verlauten, sie würde die Arbeit erst dann wieder aufnehmen, wenn Mehl und Fett zur Verteilung kämen. Es sei genug da, man müsse es bloß richtig erfassen und verteilen, meinen sie. Die Streiks greifen auf Wien über und die Forderungen werden immer radikaler.

Allein in Österreich legen bis zum 19. Januar 1918 rund 600.000 Arbeiter ihre Arbeit nieder. Die meisten Läden schließen, die Zeitungen, bis auf die „Arbeiter-Zeitung“, stellen ihr Erscheinen ein. Es gibt unzählige Demonstrationen und Straßenkrawalle.

Die endgültige Explosion erfolgt dann in der Steiermark. In den späten Abendstunden des 12. Mai meutern Ersatzmannschaften des Infanterieregiments Nr. 17 in Judenburg. Die Herabsetzung der Verpflegungssätze, das Ausfassen neuer Uniformen, woraus unschwer ein bevorstehender Einsatz an der Front abzuleiten war, genügen. In der Nacht zum 13. reißen einige Heimkehrer die vorwiegend slowenischen Ersatzmannschaften aus dem Schlaf und verkünden, dass sie ausbrechen werden, um nach Hause zu gehen. Der Krieg sei aus. Sie stürmen die Jesuitenkaserne, plündern Vorratsmagazine und Munitionsdepots, dann schlagen sie sich zum Bahnhof durch. Die Fernmeldeeinrichtungen werden zerstört. Zivilisten schließen sich den Plünderern an. Doch das Militärkommando in Graz ist bereits alarmiert und sendet Assistenzen nach Judenburg. Die Meuterei bricht zusammen. Fast alle der rund 1.200 Soldaten, die versucht haben, sich in Richtung Slowenien durchzuschlagen, werden aufgegriffen. Doch es folgt eine Rebellion in Murau und schließlich am 23. Mai eine solche in Radkersburg. Wieder sind es vor allem Slowenen, diesmal des Infanterieregiments Nr. 97. Es kracht auch in Pécs und Kragujevac, in Rumburg und wieder in Leitmeritz. Die Bilder gleichen sich fast überall. Hass auf den Krieg, Hass auf jene, die ihn führen - bei deutlicher Schonung des Kaisers, der meist noch als unantastbar gilt -, schlechte Versorgung und viel Alkohol. Da genügen ein paar revolutionäre Phrasen und ein Appell an das Nationalgefühl, um unter den Heimkehrern und Ersatzmannschaften den Ausbruch einer Meuterei zu bewirken.

Auch das Ende vom Lied ist gleich: Assistenzmannschaften, die bewusst so ausgesucht werden, dass sie eine andere nationale Zusammensetzung zeigen als die Meuterer, rücken an. Die Rebellionen brechen zusammen, Standgerichte und ordentliche Militärgerichte beginnen zu amtieren und wenige Tage später folgt die Exekution der Rädelsführer oder derer, die man dafür hält. Tschechen werden von Salzburgern erschossen, Slowaken von Bosniaken... Die nationale Zerlegung geht so weit, dass dann auch die Angehörigen des einen Volksstamms die Meuterer der anderen Nationalität niederschießen.

Mit der Kapitulation des verbündeten Bulgarien im Herbst 1918 und dem Ende des Balkankrieges ist aber auch dieser Spuk vorbei. Der endgültige Zusammenbruch der Habsburgermonarchie schreitet unaufhaltsam voran. Ungarn fühlt sich durch die Situation in Bulgarien bedroht und beordert seine Soldaten von der Italienfront zurück in die alte-neue Heimat. Nun folgt ein Schritt dem anderen. Auch Kaiser Karl spürt seine letzte Stunde kommen. Am 4. Oktober unterbreitet sein Kabinett den Alliierten nochmals einen Vorschlag für einen Waffenstillstand, doch diese zeigen keine Reaktion.

Am 15. Oktober erlässt der Kaiser ein letztes Manifest an „seine Völker", doch es ist zu spät. Österreich-Ungarn hat aufgehört zu bestehen. Am 20. Oktober wird die Republik Deutsch-Österreich ausgerufen.

5. Trauriges Lied ohne Worte

Vom Großraum zum Grenzland

„In Grenzsituationen zeigt sich entweder das Nichts oder es wird das Eigentliche sichtbar“, schreibt der Philosoph Karl Jaspers.

Ein Satz, wie er tiefgründiger nicht sein könnte und wie er wohl treffend beschreibt, was in den Menschen nach dem 10. September 1919, dem Tag des Vertragsabschlusses von St. Germain, im steirischen Weinland und in der Untersteiermark vor sich geht.

Die einen ausgeblutet und ausgehungert, die anderen mittellos, manche einsam, viele verzweifelt. Mitten in diese kollektive Depression treten die Sieger und ziehen eine Grenze. Großteils willkürlich. Ohne Rücksicht auf soziale, ethnische, topografische oder wirtschaftliche Gegebenheiten. Demonstration der Macht.

In St. Lorenzen zeigt eine Mesnerin auf, was die meisten als gegeben hinnehmen. Sie akzeptiert die Neuaufteilung der Welt nicht und erreicht mit Bitten und Flehen, was niemand für möglich hält: Ein japanischer Offizier zeigt sich beeindruckt von dieser „Mutter Courage“ und gewährt dem Dorf seine Identität. Eine kleine Geste mit kolossaler Wirkung. Nicht alle haben diesen Mut. Vor allem deshalb nicht, weil ihnen der letzte Rest davon an den Fronten Galiziens, Verduns oder des Isonzo aus dem Leib geschossen wurde.

1920 ist sie da, die Grenze. Mitten im Wald. Mitten am Berg. Mitten im Weingarten. Mein Großvater, der Schuhmachermeister und Patriot, Sohn des „Viertelhüblers“ Josef Lotschitschnik, hat alles verloren. Materiell zumindest. Nur das Selbstwertgefühl ist ihm geblieben, auch wenn es immer öfter nur mit Alkohol aufrecht erhalten werden kann und: Damit ist er nicht allein.

Bereits im Herbst 1914 wird eine wichtige Finanzierungsquelle für den Krieg aufgetan: die erste Kriegsanleihe. Um sie zu zeichnen, muss man kein besonderer Patriot sein, denn die angebotenen 5% Zinsen versprechen ein gutes Geschäft. Banken und Poststellen nehmen die Zeichnung entgegen und auch Franz Ločičnik trägt seine hart ersparten Reserven dorthin, um sein Gewissen zu beruhigen und seinen Eid „für Kaiser und Vaterland" einzulösen.

So wie er zeichnen Millionen Bürgerliche und kleine Sparer eine oder mehrere der 8 Kriegsanleihen, die insgesamt 2 Milliarden Kronen für die Kriegsmaschinerie in die Waagschale werfen. Auffallend zurückhaltend zeigt sich die Großindustrie bei diesem Versuch, der altersschwachen Monarchie auf finanziellem Weg zum Sieg zu verhelfen. Aber das ist eine andere Geschichte.

Der Krieg, der so hoffnungsvoll begonnen hat, verschlingt ein Viertel des Volksvermögens und endet für viele mit einem bespiellosen Desaster. Auch in Eibiswald sind alle Ersparnisse verloren gegangen und die Sparkasse, die über 2 Millionen Kronen Kriegsanleihe gezeichnet hat, muss diese zur Gänze abschreiben. Das Ende der Industrie, der Rückgang des Bergbaues, die schlechte Verkehrslage und die nahe gerückte Grenze verändern die Kurzzeitheimat von Franz Ločičnik zu einem Notstandsgebiet, durch welches jetzt Kolonnen an Kriegsheimkehrern ziehen.

Jene stolze Armee oder, besser gesagt, ihre Überreste, mit den prachtvollen Friedensuniformen, die auch mein Großvater noch gut in Erinnerung hat, bieten nur noch ein Bild des Grauens. Viele haben überhaupt kein Hemd mehr und tragen nur die immer mehr in Lumpen aufgehenden Blusen an ihrem nackten Körper. Andere laufen barfuß herum oder behelfen sich mit zerrissenen Schuhen, die durch Bindefäden aus Papier zusammengehalten werden, um nicht ganz auseinander zu fallen. Die Szenen gleichen einem Horrorfilm.

Jede Krume Brot, jedes bisschen Fett, jedes Stäubchen Mehl gilt als heilig. Fast jeder zweite Hof ist verschuldet, manche Höfe werden sogar versteigert, viele Besitzer geben auf. Groß ist die Not auch bei den Arbeitern. 1923 kommt es zu einem Generalstreik der Bergarbeiter, der auch meinen Großvater nachhaltig betrifft. Beim Steueramt, wo das Arbeitslosengeld ausbezahlt wird, warten die Arbeitslosen in langen Schlangen. Wer auch dort kein Geld mehr erhält, lebt von Gelegenheitsarbeiten, von der Aushilfe bei den Bauern, vom Suchen von Beeren und Schwämmen und vom Betteln. Auch Strafdaten sind in diesem Zusammenhang keine Seltenheit.

Aber Schuhmacher sind und waren zu allen Zeiten auch Philosophen. Sie wissen, dass sie teilhaben am Phänomen der Mobilität. Wer Schuhe hat, kann gehen. Weit gehen. Auch mein Großvater ist gegangen. Zurück nach Sankt Peter im Sanntal, weil dort einmal seine Heimat war und eine kleine „Keusche“ auf ihn wartet. Doch die Untersteiermark heißt jetzt Slowenien und ist Teil des „Reiches der Serben, Kroaten und Slowenen“.

Die Realität entfaltet sich an der Banalität: Die Menschen rund um ihn sprechen eine andere Sprache. Nicht phonetisch, aber ideologisch. Patriotismus im althergebrachten Sinn ist nicht mehr angesagt. Nun gilt es festzustellen, auf welcher Seite man steht: auf jener der Sieger oder jener der Verlierer.

Knapp zwei Jahre hält es Franz Ločičnik in der Nähe von Cilli, dann kehrt er zurück nach Leoben, wo er sich eine neue Zukunft erhofft. Seine Optionsfrist für die Staatszugehörigkeit ist abgelaufen und er entscheidet sich nicht ohne Wehmut für Österreich. Doch dieses Österreich ist klein geworden. Nicht nur in der Dimension, sondern auch im Geist. Dennoch sehen die Menschen ihre Chance. Industrie und Bergbau erleben eine neue, kurze Blüte. Es herrscht beängstigende Ruhe vor dem nächsten großen Sturm. Die Bergwerksführung in Leoben-Seegraben nimmt ihn mit offenen Armen auf.

Er denkt an Neubeginn, will vergessen: keine Monarchie, kein Militär, kein Krieg. Nur mehr Schuhe machen und leben. Die Kinder großziehen. Jedem seine Chance geben. Franz Ločičnik, 1,87 Meter groß, ehemals „Unter-Sappeur“ beim Genie-Regiment des Landsturmes Marburg, Brückenbauer und Tunnelschläger, hat seinen Stolz und auch seinen Glauben. Einen Glauben an den Verstand und auch an sich selbst. Er ist so ausgeprägt wie jener der Ingenieure an die Unsinkbarkeit der „Titanic“. Doch beide Haltungen sind Illusion.

1920 versinkt Franz Ločičnik 1920 nach dem plötzlichen Tod seiner heiß geliebten Tochter Amalie in Trauer, Schmerz und Verzweiflung. Sie, die Lebenslustige, hat ihn stets an seine Frau erinnert, die er 1917 verlor. Sie, die Warmherzige und Gütige, war ihm immer Trost und Zuversicht. „Maltschi“, wie er sie liebevoll nannte, war sein Stern, sein Halt und sein Sonnenschein in dieser trüben, dunkelgrauen Zeit nach dem großen, unverständlichen Krieg.

Für die Menschen in der Süd-, Ost- und Weststeiermark wird die Grenze ebenfalls erst jetzt im vollen Umfang spürbar. In Eibiswald und Deutschlandsberg schmerzt besonders die Einschränkung des Handels mit dem Drautal. Mahrenberg, die Schwesternstadt von Eibiswald, und Unterdrauburg sind in weite Ferne gerückt. Viele verwandtschaftliche Bande sind zerrissen. Der Schmuggel blüht und Illegalität steht an der Tagesordnung.

Nicht viel anders geht es den Menschen im äußersten Osten des neuen Staates. Radkersburg hat zwar bei der Grenzziehung verhältnismäßig gut abgeschnitten, aber die Mur ist jetzt nicht mehr nur eine natürliche Grenze, sondern auch eine weltanschauliche. Weiter oben, im Nordosten gegen Burgenland, sind die Grenzverhältnisse mit den Ungarn noch immer nicht geklärt.

Doch wo die einen noch mit Wehmut nach dem „Doppeladler" weinen, beginnen andere bereits den Hass zu schüren und „deutschnational" auf ihre Fahnen zu schreiben. Sie hadern mit den Tschechen, Ungarn, Kroaten und Slowenen, die nach ihrer Meinung dem großen Reich den Todesstoß verpasst haben, und schreien unüberhörbar nach der lang ersehnten großdeutschen Einigung.

Grenzen entstehen in den Köpfen und Herzen der Menschen, bevor sie nach außen dringen und abgrundtiefe Gräben hinterlassen. Sie sind scheinbar ein Stück unüberwindbare Evolutionsgeschichte, die periodisch wiederkehrt. Ist es zunächst die übermächtig-wilde Natur, vor der sich der Mensch zu schützen sucht, werden Grenzen schnell zur territorialen Absicherung gegen Nachbarstämme und andere aggressive Eindringlinge errichtet. Die verhängnisvolle Selbstschutzregel „wir" und die „anderen" ist geboren. Zu allen Zeiten missbrauchen Stammesführer und Politiker diese Formel, ohne über ihre wahre Bedeutung nachzudenken.

Der Mensch braucht Grenzen, um sie überschreiten und beseitigen zu lernen. Nur wer sich mit Grenzen auseinander setzt, kann hinter ihre Kulissen blicken. Grenzen sind ein künstliches Produkt des

Geistes, um eine Verbindung herzustellen zwischen dem „Nichts" und dem „Eigentlichen". Das „Nichts" ist dabei definiert als das Unbekannte, Unsichtbare, Unerreichbare, das Andere, das Getrennte. Wer sich ihm nähert, verlässt das Eigentliche und ergibt sich der Versuchung. Das steht schon in der Bibel so. Der Rest ist Mythos, mit dem Apfel als Symbol und der Erkenntnis als Inhalt. Das „Eigentliche" ist die Sicherheit, das Vertraute, das Legitime, das Gebot. Erst mit dem Satz „Du darfst nicht" sind uns die Grenzen manifest geworden. Ihre duale Hintergründigkeit zeichnet dem Menschen seinen Leidensweg. Die Grenze schützt und trennt, sie spiegelt uns Vertrauen vor und ist doch unser größtes Hindernis. So fürchten wir ihre Entstehung ebenso wie später ihren Zerfall.

Auch die Menschen im steirischen Weinland sind von dieser Erkenntnis nicht ausgenommen. Sie haben sich an die Grenze gewöhnt und sie beinahe lieb gewonnen. Das jenseits der Grenze Liegende, mit dem sie über Jahrhunderte verbunden waren, ist jetzt ein anderes Land, eine andere Kultur, eine andere Sprache, ein anderer Lebensraum. Das gilt es zu akzeptieren.

Heimat als Realität

Wenn von Heimat gesprochen wird, dann kommen Gefühle, Erinnerungen, Träume und Wünsche ins Spiel, die rational und wissenschaftlich nicht erklärbar sind. Wer dieses emotional besetzte Wort, das als Begriff nicht viel taugt, geschickt einsetzt, kann mit den Ängsten, den Hoffnungen und den Sehnsüchten der Menschen spielen, sofern diese bereit sind, sich auf dieses Spiel einzulassen.

Historisch betrachtet, verliert das Wort „Heimat" viel von seiner polarisierenden Wirkung, vor allem dann, wenn man seine Herkunft untersucht. „Heimat" galt in der frühen Neuzeit als Teil eines armenrechtlichen Begriffs, der mit der Kirche in enger Verbindung stand. Ihr oblag im Mittelalter nahezu die gesamte Armenfürsorge, die ihr bis heute in manchen gesellschaftlichen Segmenten erhalten blieb.

Um das Bettelunwesen nach dem Dreißigjährigen Krieg in den Griff zu bekommen, wurde eine neue Rechtsordnung etabliert, die eine möglichst flächendeckende Armenfürsorge gewährleisten sollte. 1522 führte Ferdinand II. mit einer polizeilichen Verordnung gegen das Bettelwesen das Heimatrecht ein, demzufolge jede Gemeinde verpflichtet war, für die einheimischen Armen selbst zu sorgen. Gleichzeitig konnten fremde Bettler bestraft und abgeschoben werden. Heimat war somit der Ort, wo man bleiben durfte. Das Heimatrecht und den damit verbundenen Versorgungsanspruch erwarb eine Person entweder durch Geburt, durch langjährigen Aufenthalt oder durch Heirat.

Andererseits umschloss das Heimatrecht aber gleichzeitig eine Verpflichtung zum Verbleib und zur rechtlichen Einordnung in den Heimatraum. Ein Wegziehen aus einer Gemeinde bedeutete den Verlust des Heimatrechtes. In jeder anderen Gemeinde galt man zunächst rechtlich als „Fremder“ und war somit dem guten Willen der dortigen Behörden ausgeliefert. Heimatlos sein, das bedeutete Besitzlosigkeit, Abhängigkeit und existentielle Ausgesetztheit. Ohne Heimat zu sein, hieß aber auch, sich verdingen zu müssen oder als „Fahrender“ durch eine gefahrvolle Welt zu streifen. Wehe dem, der keine Heimat hatte!

Im 19. Jh. wuchs die Zahl der Heimatlosen ständig. Die aufkommende Technisierung der Landwirtschaft setzte viele Arbeitskräfte frei, die nirgends unterkamen außer in einer Fabrik oder im Bergbau. Arbeitsmigration ist somit keine singuläre Erscheinung unserer Zeit. Unzählige Menschen zogen mehr oder weniger freiwillig in die Randgebiete der Städte, weil sie dort bessere Arbeitsbedingungen vorfanden und mehr Freiheit vermuteten. Doch diese Annahme erwies sich meistens als trügerische Verführung.

Mit dem Zerfall der Monarchie wird die ohnehin schon schwierige Heimatfrage noch prekärer. Mehr denn je geht es jetzt um die nationale Zuordnung in einem Europa vieler neuer Staaten. Besonders davon betroffen sind natürlich die wandernden Handwerker, zu denen auch mein Großvater gehörte.

Der Staatsvertrag von St. Germain

Der Staatsvertrag von St. Germain wird am 10. September 1919 unterzeichnet und tritt am 16. Juli 1920 in Kraft. Er ändert die provisorische Verfassung Deutsch-Österreichs in einigen Punkten ab und stellt Rahmenbedingungen für die zukünftige österreichische Verfassung auf. Zunächst setzt er die Staatsgrenzen fest, dann ändert er den Namen „Deutsch-Österreich“ in „Republik Österreich“. Gleichzeitig schreibt der Vertrag fest, dass die allgemeine Wehrpflicht in Österreich abgeschafft wird und das österreichische Heer in Zukunft nur auf Grundlage freiwilliger Verpflichtung aufgestellt werden darf. Dieses Heer wird in seiner Stärke einschließlich der Offiziere und der Depottruppen auf 30.000 Mann festgelegt. Untersagt werden außerdem alle Mobilisierungsmaßnahmen.

Österreich muss darüber hinaus der Abtretung Südtirols bis zum Brenner, Triests, Istriens und Dalmatiens sowie Krains zustimmen und die Selbständigkeit Ungarns, der Tschechoslowakei, Polens und Jugoslawiens anerkennen.

Die Bedingungen des Vertrages werden in Österreich von allen Gruppen als „Vernichtungsfrieden“ empfunden. Gerade auch deshalb, weil Österreich mit dem Anspruch auftritt, alle deutschsprachigen Volksgruppen der Monarchie in einer Republik zu vereinigen. Dieses Konzept zerfällt allerdings rasch. Von den geplanten 10 Millionen Einwohnern bleiben nur 6,5 Millionen übrig.

Immerhin kann Südkärnten gerettet und das Burgenland hinzugewonnen werden. Am schwersten fällt der Sprung vom Großreich zum Kleinstaat im emotionalen Bereich. Starke Gefühlsirritationen sind die Folge. Die Auflösung der Habsburgermonarchie zerstört aber auch einen eingespielten Wirtschaftsraum mit zahlreichen unersetzbaren Eigenheiten, inneren Abhängigkeiten und eng geflochtenen Beziehungen. Zurück bleibt eine Wirtschaft, die mit etlichen Strukturschwächen und der Perspektive geringer Auslastungsmöglichkeiten behaftet ist.

Im selben Jahr, in dem der Staatsvertrag unterzeichnet wird, gründet Anton Drexler die „Deutsche Arbeiterpartei“ (später: NSDAP), deren 7. Mitglied ein gewisser Adolf Hitler wird. Schon am 18. September 1922 formuliert dieser „unbekannte Gefreite“ aus dem 1. Weltkrieg die These für seine Zukunft: „Es kann nicht sein, dass 2 Millionen Deutsche umsonst gefallen sind... Nein, wir verzeihen nicht, wir fordern Vergeltung.“

Erlangung der österreichischen Staatsbürgerschaft

Die Zeit nach dem 1. Weltkrieg bringt vor allem für die Bezirkshauptmannschaften Aufgaben und Probleme mit sich, die man bisher nicht gekannt hat. Eine davon ist die Zuerkennung der Staatsbürgerschaft. Nach Kriegsende gibt es eine Unzahl von Menschen, die feststellen müssen, dass sie in Orten zur Welt gekommen sind, die plötzlich nicht mehr zu Österreich gehören. Manche von ihnen sind Untersteirer wie mein Großvater und haben bereits viele Jahre auf dem Gebiet des nunmehr klein gewordenen Staates gelebt und gearbeitet. Sie fühlen sich daher als Österreicher, auch wenn sie teilweise noch an ihrer alten Heimat hängen. Um die österreichische Staatsbürgerschaft zu erlangen, müssen sie bei der Bezirkshauptmannschaft einen Antrag stellen und eine Reihe von Bedingungen erfüllen.

Nach dem neuen Gesetz sind alle jene Personen deutsch-österreichische Staatsbürger, die zur Zeit ihrer Kundmachung in einer Gemeinde Deutsch-Österreichs das Heimatrecht besitzen. Jenen Personengruppen, die nicht kraft des Gesetzes Staatsbürger geworden sind, wird der erleichterte Erwerb der Staatsbürgerschaft durch eine einfache Erklärung (Option) ermöglicht, wenn sie entweder seit dem 1. August 1914 im Gebiet der Republik Deutsch-Österreich den ordentlichen Wohnsitz hatten oder ihren Wohnsitz bis zum Wirksamwerden eines neuen Gesetzes nach Deutsch-Österreich verlegt haben, sofern sie in einer außerhalb der Republik gelegenen Gemeinde des bisherigen Österreich heimatberechtigt sind. Von dieser Begünstigung sind allerdings all jene österreichischen Staatsbürger ausgenommen, deren Heimatgemeinde in Dalmatien, Istrien oder Galizien liegt. Mit dieser Klausel sollen die zahlreichen Kriegsflüchtlinge am Eintritt in den deutsch-österreichischen Staatsverband gehindert werden.

Über die Option wird im Staatsvertrag Folgendes festgelegt: Personen über 18 Jahre, die ihre österreichische Staatsangehörigkeit verlieren und eine neue Staatsangehörigkeit erwerben wollen, können bis 16. Juli 1921 für die Zugehörigkeit zu dem Staat optieren, in dem sie vor dem Erwerb des Heimatrechtes im übertragenen Gebiet heimatberechtigt waren. Jedoch müssen diese Personen binnen 12 Monaten ihren Wohnsitz in den Staat verlegen, für den sie optiert haben. In Fragen der Staatsbürgerschaft folgen die verheirateten Frauen dem Stand ihrer Gatten und die noch nicht 18 Jahre alten Kinder dem Stand ihrer Eltern.

Ein nicht zu unterschätzendes Problem stellen nach 1919 die Doppelbesitzer dar, die Grundstücke diesseits und jenseits der Grenze besitzen, sowie landwirtschaftliche Arbeiter, die über die Grenze wechseln müssen. Am 24. Februar 1923 wird in Belgrad ein Abkommen zwischen Österreich und Jugoslawien geschlossen, nach dem ein einfacher, von der Bezirkshauptmannschaft ausgestellter Ausweis für den kleinen Grenzverkehr genügen soll. Trotz dieser formalen Erleichterung gibt es aber weiter Schwierigkeiten, die festgelegten Maßnahmen umzusetzen, weil die Grenze von der Bevölkerung einfach nicht akzeptiert wird.

Deutschlandsberg wird Grenzbezirk

Durch die neue Grenzziehung wird auch Deutschlandsberg ein Grenzbezirk. Sulm- und Saggautal werden vom Drautal getrennt, obwohl sie mit diesem wirtschaftlich und zum Teil auch gesellschaftlich eng verbunden waren. Nach dem Staatsvertrag von St. Germain vom 10. September 1919 kommen die Gemeinden Soboth, wo es zu schweren Kämpfen gekommen war, Laaken, Rothwein und St. Lorenzen vom Staat der Serben, Kroaten und Slowenen zu Österreich und damit vom Bezirk Windischgrätz zum Bezirk Deutschlandsberg. Während Österreich und die Steiermark an Fläche und Einwohnerzahl enorm verlieren, nimmt der Bezirk Deutschlandsberg an beiden beachtlich zu.

Im Grenzgebiet bleibt die Lage lange verworren und unsicher. Das Grenzschutzbataillon Nr. 12 mit drei Kompanien wird in den Bezirk verlegt, ihm gehört auch der später im Heimatschutz als Führungskraft hervortretende Hauptmann Josef Theiler an. Als der Gendarmerieposten Eibiswald in Graz anfragt, wie er sich bei einem Einfall der Jugoslawen zu verhalten habe, erhält er die Antwort, er müsse sich nach Wies zurückzuziehen. Ein Mann solle bleiben und den Posten übergeben.

Mit Telefonleitungen über die Soboth und St. Vinzenz nimmt das Grenzschutzbataillon mit der Kärntner Volkswehr Kontakt auf.

Aber auch sie hat den Befehl, keinen Widerstand zu leisten, und ist dazu wohl auch nicht bereit. Obwohl die Soboth sich einmütig für Deutsch-Österreich entscheidet, wird die Gemeinde zweimal von den Jugoslawen besetzt. Erst Ende Juli 1920 wird das Gebiet endgültig von ihnen geräumt und kann von Österreich in Besitz genommen werden.

Heimat als Ideal

Unabhängig von den rechtlichen Bestimmungen verbinden die Menschen nach dem „großen Krieg“ auf höchst subjektive Art und Weise den Begriff Heimat mit Gefühlen, die sie vorwiegend aus Kindheitserinnerungen nähren. Für die einen sind es jene an Freunde, Verwandte und Nachbarn, die ihnen das Empfinden von Geborgenheit und Wärme geben, für die anderen ist es der Gedanke an eine bestimmte Landschaft, das Klima, den Geruch, die Vegetation oder das Licht, welcher ihnen Heimat vermittelt. Wieder andere sehen in der Mentalität, der Sprache, dem Aussehen, der Kleidung, dem Verhalten, den Umgangsformen der Menschen das wahre und typische Erscheinungsbild von Heimat.

Was immer es ist und wie komplex auch immer es erscheint: „Heimat“ ist ebenso wenig „natürlich“ und von Grund auf gewachsen wie irgendeine Grenze. Beide Begriffe sind abstrakte und fiktive Konstrukte des menschlichen Geistes mit außergewöhnlich hohen Anteilen an positiven und negativen Wertempfindungen. Diese stehen immer im Zusammenhang mit der Suche nach Glück und Sicherheit, mit Erinnerung und Prägung.

Heimat sind wir in Wirklichkeit selbst. In unserem Denken, im Bewusststein, in unserer Enge und Breite, in all unserer Freiheit und Begrenztheit, in unserer Wahrnehmung und Imagination bestimmen wir ihr Ideal und ihre subjektive Realität. Heimat ist keine Schublade, als die sie oft erscheint, und schon gar nicht eine Ablage für einseitige Ideologien. Heimat ist das lebendige und offene Sein, welches in seiner Dimension abhängig ist von unserer Erziehung, von unserem Glauben und von der Fähigkeit, „Anderssein“ nicht als Bedrohung, sondern als Bereicherung zu empfinden.

Der Kampf um das „tägliche Brot"

Die fehlende Ernährungsbasis hat bereits gegen Ende des 1. Weltkrieges, verschärft durch die Hungerblockade der Alliierten, in Österreich zu unlösbaren Versorgungsproblemen geführt und den Zusammenbruch der „Heimatfront" beschleunigt. Ende Oktober 1918 steht jedoch durch die Auflösung des k.u.k. Wirtschaftsraumes eine Hungerkatastrophe besonderen Ausmaßes bevor, welche neben anderen Faktoren den neuen Staat „Deutsch-Österreich" destabilisiert und eine Radikalisierung der ohnehin angespannten politischen Situation befürchten lässt.

Bedrohlich wirkt sich auf die Lebensmittelversorgung der zunehmende Autoritätsverlust der Behörden aus, denen die exekutiven Mittel fehlen, um die Ablieferung der Lebensmittelkontingente durchzusetzen. Immer häufiger kommt es zu Unmutsäußerungen der bäuerlichen Bevölkerung, die sich zunehmend radikalisiert. Bezeichnend dafür ist eine Auseinandersetzung am 25. August 1919 in Gosdorf bei Mureck, wo bewaffnete Bauern der Gendarmerie vor dem örtlichen Bahnhof das bereits requirierte Vieh wieder abnehmen. Als nach einer neuerlichen bewaffneten Auseinandersetzung einer der Bauern als Rädelsführer verhaftet und ins Bezirksgericht Mureck eingeliefert wird, befreien ihn einige Tage später bewaffnete Heimwehrleute, ohne erkannt zu werden.

Nicht ohne Wirkung bleibt außerdem das Interesse der amerikanischen Regierung, ihre wirtschaftliche Dominanz auf dem Lebensmittelmarkt in politische Vormacht umzusetzen und die Kontrolle über die europäische Lebensmittelversorgung zu erlangen.

Die Ernährungsbasis der Steiermark ist sowohl durch den Verlust der Untersteiermark als auch durch den kriegsbedingten Rückgang des Viehbestandes und der landwirtschaftlichen Produktion bedrohlich schmal geworden, wobei die steirische Landwirtschaft aufgrund der strukturellen Voraussetzungen überhaupt nur einen geringen Beitrag zu Versorgung leisten kann.

Die Mehllieferungen nach Graz betragen im September 1919 nur mehr 581 t bei einem Tagesbedarf von rund 1.600 t. Die wöchentliche Fleischquote beträgt im Frühjahr 1919 15 dkg für Normalverbraucher und 25 dkg für Schwerarbeiter. Auch um die Milchreserven steht es nicht besser: Nach Graz kommen bestenfalls 5.000 Liter täglich, bei einer Einwohnerzahl von 180.000 Menschen. Bei einer Aufteilung der Milchmenge entfallen somit auf einen Einwohner 1/36 Liter Milch pro Tag.

Eine Notmaßnahme besteht im Ankauf von 300 Milchkühen, welche von der Landesregierung in Tirol angeschafft werden und deren Einstellung den Umlandgemeinden von Graz zu einer geringen Entlastung des Milchengpasses verhilft. Um jedoch die Milchmenge der Friedenszeiten zu produzieren, müssten 40-mal mehr Kühe angeschafft werden.

Insgesamt ist im ganzen Land der Rinderbestand um 14%, der Schweinebestand sogar um 44% abgesunken. Nur die Zahl der Ziegen, der „Kühe der armen Leute", nimmt deutlich zu. Auch mein Großvater besitzt eine „Armenkuh", dazu ein paar Hühner und Hasen. Letztere muss er allerdings gegen andere Lebensmittel tauschen, weil er selbst nicht in der Lage ist, den lieb gewonnenen Mitbewohnern in seiner Keusche in St. Peter den Garaus zu machen.

Verschärft wird während der Wintermonate die Situation der Bevölkerung außerdem durch den Mangel an Brennstoffen. Vom Lebensmittelmangel sind besonders Kinder und Jugendliche betroffen, deren Gesundheitszustand sich infolge der jahrelangen Unterernährung beängstigend verschlechtert hat. Auch mein Vater, gerade erst 14 Jahre alt geworden, ist abgemagert bis auf die Knochen. Mit meinem Großvater durchstreift er die Wälder der Südsteiermark, um Maroni zu sammeln, und im Frühjahr freuen sich beide auf ein bisschen „Röhrlsalat" (Löwenzahn) mit ein paar Erdäpfeln und einigen Tropfen Kernöl. Ab und zu kommt Polenta auf den Tisch und als flüssige Zugabe ein äußerst bitterer Zichoriencafe. Um ein Minimum an Vitaminen und Mineralstoffen zu erhalten, muss mein Vater einmal die Woche einen Löffel übel riechenden Lebertran zu sich nehmen und dennoch plagen ihn ständig der Husten und Katarrh.

Allgemein werden ein Zurückbleiben der Kinder im Körpergewicht und Wachstum, schlechtes Aussehen sowie Müdigkeit und schnelle Erschlaffungszustände beobachtet. Viele Kinder schlafen in der Schule ein, manche sind sogar unfähig, das Bett zu verlassen, und müssen auf den Unterricht ganz verzichten. Immer ärger wird die Verelendung, weil viele Kinder nicht einmal mehr das Nötigste zum Anziehen haben. Im Winter kommen viele von ihnen barfuß, ohne Unterwäsche und nur mit Hose und Bluse bekleidet in die Schule.

Bald ist der Zeitpunkt erreicht, wo es nur noch ein Gesprächsthema und ein Übel gibt: den Hunger. Eine verzweifelte Frau schreibt an ihren Mann: „Ich habe schon so mancherlei erlebt, aber so ein Elend, so einen Hunger noch nie. Ich habe oft schon gedacht, dass ich die Kinder nehme und sie erschlage oder mit ihnen ins Wasser gehe, aber es ist mir leid, dass Du einst in die traurige und leere Wohnung zurückkehren würdest.“ Immer öfter kommt es zu Hungerkrawallen, Plünderungen und Ausschreitungen. Die Lage scheint hoffnungslos.

Doch im Rahmen der amerikanischen Hilfe für Österreich wird im Februar 1920 die „Dollarpaketaktion“ ins Leben gerufen, durch die in den USA, aber auch in Zentral- und Südamerika lebenden Verwandten und Freunden die Möglichkeit geboten wird, auf einfache Weise Lebensmittel nach Österreich zu schicken. Dazu brauchen sie nur einen Geldbetrag bei einer amerikanischen Bank einzulegen und die Adresse des Empfängers anzugeben. Unterschiedliche Pakettypen stehen zur Auswahl: Die teuersten kosten 50$, während die billigsten für 10$ zu haben sind. Der Inhalt besteht vorwiegend aus Reis, Mehl, Speck, Schmalz, Corned Beef und Dosenmilch. Ein Silberstreif am Horizont zeichnet sich ab.

Der „Aderlass“ in den Gemeinden

Kaum ein Ort oder eine Kleinstadt kann in den Jahren nach 1919 ihren Einwohnerstand oder einen halbwegs intakten wirtschaftlichen Standard halten. Zu der allgemeinen Not und Lethargie kommt der Aderlass bei den Einwohnerzahlen wie nach jedem großen Krieg. Wie drastisch die Situation ist, zeigt die Bevölkerungsentwicklung von Radkersburg. Wohnten in der Stadt 1880 noch 2.525 Menschen und in der Blüte der zweiten Gründerphase sogar 2.740, sinkt diese Zahl 1920 auf 1.846 und bis 1934 sogar auf 1.733 Einwohner.

Damit ist Radkersburg von allen Kleinstädten im steirischen Weinland am ärgsten betroffen. Die Gründe dafür sind vielschichtig. Von 1910 bis 1920 resultiert die Abnahme der Bevölkerung aus der Auflösung der Garnison, der Abtrennung der Vorstadt Untergries und den Verlusten an wehrfähigen Männern aus dem Krieg. Die nochmalige Reduktion von 1920 bis 1934 ist wohl auf die schlechte finanzielle und wirtschaftliche Lage der Stadt und die damit verbundene Abwanderung zurückzuführen.

In der Zeit nach dem Ende des Krieges verbinden viele Menschen mit einem Ortswechsel die Hoffnung auf einen sozialen Aufstieg oder zumindest auf eine finanzielle Verbesserung nach dem Motto: „Es kann nur noch aufwärts gehen“. In diesem Sinn ist es selbstverständlich, sich immer wieder von neuem auf den Weg zu machen, um zerronnene Träume und Illusionen an einem anderen Ort oder in einer größeren Stadt realisieren zu können. Der Mangel an konkreten Informationen und die teilweise überzeichneten Erfolgsgeschichten anderer „Migranten“ tun ihr Übriges, um diesen Trend nachhaltig zu verstärken.

6. Wein, der prägt

Von den vielen prägenden Besonderheiten der Südsteiermark ist wohl eine ausnahmslos: der Wein. Er spielte auch im Leben meines Großvaters eine wesentliche Rolle. Ursprünglich aus einer reinen Biergegend kommend (das Sanntal war und ist das bedeutendste Hopfenanbaugebiet der „Untersteiermark"), wandelte sich seine Vorliebe schnell zu den geschmackvollen Sorten des veredelten Traubenmostgetränkes, wie sie rund um Eibiswald gekeltert wurden.

So konzentriert er bei seiner Arbeit in der Schuhmacherwerkstätte sein musste, so sehr sehnte er das Monatsende herbei. Da hatten die „windischen Bergleute" Zahltag und ihre Devise hieß: „Loč, komm mit in die Buschenschank, wir zahl'n dir ein paar Achterl für die tollen Stiefel." Dort angekommen, wurde ausgelassen diskutiert, gespielt, getrunken und getanzt. Die Strapazen des Alltags, die Sorgen, die Ängste und Nöte - sie alle wurden im rosaroten Schilcher oder in der „Mischung" ertränkt.

Im Gegensatz zu vielen anderen Landsleuten und Arbeitern neigte mein Großvater nach heftigem Weinkonsum zur Melancholie. Nicht die Aggression, die Wut, der Jähzorn waren seine Weggefährten, sondern eine Schwermut unvergleichbaren Ausmaßes. Mein Vater erzählte mir oft, wie sehr ihn diese Gefühlsregungen irritiert, aber auch seltsam berührt hatten. Sie mögen mit ein Grund dafür gewesen sein, dass er sich zeitlebens dem Wein nur in sehr geringen Mengen verschrieb.

Es ist vielleicht bezeichnend, dass auch die Sorte, die mein Vater bevorzugte, nicht wirklich als „Männerwein" galt. Er liebte den Muskateller, denn dieser hatte mit seinem Aroma und dem fruchtigen Duft sein Herz und seinen Gaumen erobert und sollte auch mein erstes Weinerlebnis sein.

Ich entsinne mich noch gut, wie wir auf einer der alljährlichen Jugoslawienfahrten in Marburg Halt machten und zuerst in ein Selbstbedienungsrestaurant gingen. Es muss Anfang der 70er Jahre gewesen sein. Danach gab es den obligatorischen Stadtbummel, der in der Vinothek am Hauptplatz endete. Erwartungsvoll betraten wir den Verkaufsraum, von wo aus wir von einem blau geschürzten Kellermeister in die katakombenähnlichen Räume der Marburger „Unterwelt“ geführt wurden.

Alleine der modrig-gärende, feuchte und von allerlei Aromastoffen durchzogene Keller wird mir ewig in der Nase bleiben. Dann begann die Verkostung. Die Prozedur war immer die gleiche. Mein Vater, manchmal auch meine Mutter, probierten vier bis fünf Sorten, um abschließend doch wieder zum guten, alten „Hamburger Muskateller“ zurückzukehren, den sie für den Besten befanden.

Während ich in den Jahren zuvor immer nur stiller Zuseher und „Schnüffler“ sein durfte, bot mir mein Vater diesmal ein Glas Muskateller an. Der erste Schluck war mehr als ungewohnt, aber schon der zweite begann mir ausgesprochen zu munden. Ein Geschmackserlebnis war geboren. Mein Interesse für den Wein geweckt.

Was meinen Vater und seine Weinauswahl betrifft, bin ich mir heute, viele Jahre später, nicht mehr ganz sicher, ob er nicht doch auf eine alte Tradition oder oft gehörte Qualitätsurteile zurückgriff. Ein Blick in Goethes „Atlas der für den Weinbau Deutschlands und Österreichs werthvollsten Traubensorten“ aus dem Jahr 1874 gibt dafür einen deutlichen Hinweis: „Der gelbe Muskateller kommt an Hecken und Spalieren, sowie in allen Weingärten vereinzelt vor und wird als eine der edelsten und köstlichsten Tafeltrauben geschätzt. In größerem Maßstabe wird er nur in den südlichen Weinländern, also Spanien, Italien und Südfrankreich zur Erzeugung von Muskatweinen angebaut. Außerdem findet man ihn am Genfer See, im Canton Wallis, in Soos bei Baden und vornehmlich in der Nähe von Marburg (Südsteiermark), am Vordernberg und Posrukgebirge in größerer Anzahl. In der zuletzt erwähnten Weingegend bildet er in guten Lagen oft den überwiegenden Theil des Rebsatzes und hat sich auf kalkhaltigem Mergelboden sehr gut bewährt, so dass die Marburger Muskatellerweine in größerer Menge gewonnen und im Handel hoch bezahlt werden.

Der Muskateller verlangt eine sehr gute, etwas steile warme Lage und einen sehr kräftigen Boden. Man schneidet ihn im Weingarten auf längere Zapfen, an Hecken und Spalieren auf entsprechende Bögen. Er ist etwas empfindlich in der Blüthe, wodurch seine Tragbarkeit oft beeinträchtig wird und bekommt in ungünstigen Lagen oder geringen Jahren schwarze Flecken an den Beeren (in Steiermark „Pikez“ genannt). Bei anhaltend nasser Witterung springen die Beeren gern auf und faulen. Er ist jedenfalls eine der vorzüglichsten Tafel- und Keltertrauben, welche zum Anbau immer stark begehrt wird. Der Muskatgeschmack entwickelt sich besonders vollkommen, wenn die Gährung auf den Hülsen eingeleitet wird; in guten Jahrgängen kann aus den Trebern der Muskatellertrauben noch recht guter Treberwein mit hinlänglichem Muskatgeschmack bereitet werden. Die Muskat Ausbruchweine, welche man in Marburg gewinnt, gehören jedenfalls zu den besten und edelsten Producten in dieser Richtung.“

Gerade weil die Geschichte des Weines eine kontinuierliche und von den Wirren der Politik und des gesellschaftlichen Lebens fast unabhängige ist, scheint es legitim, etwas weiter in seine Vergangenheit zu blicken, um dabei das unglaubliche Spektrum seiner kulturellen Bedeutung zu dokumentieren.

Kleine Kulturgeschichte des Weinbaues

Weinbau und Weinbereitung sind uralte Kulturtechniken, die allen alten Kulturen Vorder- und Mittelasiens bekannt waren. Es konnte sogar nachgewiesen werden, dass die Wildrebe nicht nur in Asien, sondern auch in großen Teilen Europas und Nordamerikas bereits vor 60 bis 70 Millionen Jahren in verschiedenen Wildformen verbreitet war. Der Genuss von Trauben der Wildrebe in prähistorischer Zeit durch den Menschen ist daher so gut wie sicher. Die leichte Vergärbarkeit von Weinbeeren legt nahe, dass auch die Bereitung des Mosts eine uralte Errungenschaft ist.

Im Gebiet des heutigen Österreich lässt sich mit dem Fund von über 100 Litern Rotwein im Wagengrab der Herrin von Mitterkirchen im Machland (OÖ) Weinimport beziehungsweise Weinbau bereits im 7. Jh. vor Chr. belegen. Über die Gallier wird berichtet, dass sie Wein in besonders großen Mengen zu sich nahmen und diesen in ungemischter Form tranken. Sie sollen sogar bereit gewesen sein, eine Amphore Wein mit einem Sklaven zu bezahlen. In den Gebieten entlang der Donau, an der Thermenlinie um Wien und Carnuntum, am Leithagebirge und rund um den Neusiedlersee sowie in der Südsteiermark um Flavia Solva (Leibnitz) ist der Weinbau seit dem 2. Jahrhundert nachzuweisen, in Tirol sogar schon im 1. Jahrhundert nach Christus.

Schenkungsurkunden über Weingärten an Klöster sind seit der Karolingerzeit zahlreich überliefert und belegen den Zusammenhang zwischen der Verbreitung des Christentums und der expandierenden Weinwirtschaft nach Abschluss der Völkerwanderung. Die Klöster wurden Zentren von Qualitätsweinbau, sie pflanzten den Wein in den Missionsgebieten im Norden und Osten selbst an, wobei sich die Zisterzienser besonders hervortaten. Die Kirche benötigte den Wein für die Abendmahlfeier, aber auch für die Bewirtung von Gästen und Armen.

Die frühesten literarischen Quellen, die uns Informationen über den Weinbau im europäischen Mittelalter liefern, sind Kalendergedichte des 9. Jahrhunderts. Hildegard von Bingen verfasste in den Jahren 1151 bis 1158 ihre medizinisch-naturwissenschaftlichen Werke „Physica“ und „Causa et Curae“, die Theorie und Praxis der Heilkunde behandeln und in diesem Zusammenhang auch auf den Wein zu sprechen kommen.

Weinbau in der Steiermark

Der Weinbau in der Steiermark ist uralt, seine Anfänge dürften in keltische Zeit zurückgehen, und ist auf jeden Fall seit der Römerherrschaft sicher nachzuweisen. Ende des 19. Jahrhunderts wurden in der Untersteiermark (zu der damals noch das heutige Slowenien gehörte) 34.000 ha Weinland bebaut. Mit der Abtrennung der „Untersteiermark“ von Österreich gemäß den Friedensbestimmungen von St. Germain verlor die Steiermark jedoch 30.000 ha Weingartenfläche an das Königreich Jugoslawien und es verblieb nur der kleine Rest von knapp 4.000 Hektar.

Die Winzer des steirischen Weinlandes begannen allerdings schon sehr bald mit dem speziellen Ausbau ihrer Trauben. Aus einer bodenständigen Wildrebe entstand beispielsweise die bekannte Schilcherrebe. Im späten Mittelalter erreichte der steirische Weinbau seine erste Blütezeit, so in den Tälern der Pinka und Lafnitz, in der Radkersburger Gegend, im Laßnitztal, im Hügelland um Leibnitz und Wildon, an den Südhängen des Poßruck und im Pettauer Gebiet. Die meisten Weinbauflächen befanden sich im Besitz der Bistümer, Stifte und Pfarren, aber auch der Landesherr hatte reichlich Weingründe. Es herrschte damals vorwiegend Mischkultur, in den Weinrieden wurden auch Linsen oder Kürbisse, hin und wieder auch Obstbäume gepflanzt. Allerdings hätte der Wein von damals nicht dem heutigen Geschmack entsprochen. Dennoch war der Wein in dieser Zeit das Volksgetränk Nummer eins. Er gehörte schlicht und einfach zu jeder steirischen Mahlzeit. Einige Sorten wurden schon damals immer wieder lobend erwähnt, so der feurige Luttenberger, der in einem „unechten Neidhartlied“ als „wunderstarker Wein“ gepriesen wird. Nach der Taxordnung von 1521 stand der Luttenberger an der Spitze aller steirischen Weine. Bekannt waren aber auch der Muskateller aus Gams und Marburg sowie der Ligister, Stainzer und Deutsch-Landsberger „Schilcher“. 1854 wurden im steirischen Weinland 425 Rebsorten gezählt.

„Sie haben uns einen rosaroten Essig vorgesetzt, den sie Schilcher nennen“, schrieb Papst Pius VI. resignierend in sein Tagebuch, als er auf seiner Reise zu Kaiser Joseph II. nach Wien im Kloster Maria Lankowitz übernachtete. Heute wird der Schilcher wieder zu Recht hoch gelobt, gerade auch wegen seiner Roséfarbe. Er wird ausschließlich aus der blauen Wildbacherrebe gewonnen, die als Einzige der aus Amerika eingeführten Reblaus widerstanden hatte. Wahrzeichen der Schilchergegend ist ebenso wie das der Südsteiermark das „Klapotetz“, ein von slowenischen Weinbauern vor urdenklichen Zeiten konstruiertes, hölzernes Windrad, das durch sein Klappern die Vögel von den reifen Trauben abhalten soll. Der Schilcher ist ein „Gleichgepresster“, ein Wein, der zwar aus blauen Trauben gewonnen wird, bei dem aber nicht wie beim Rotwein die Maische mitvergoren wird, sondern ähnlich wie beim Weißwein sofort gepresst wird. Dadurch färbt sich der Wein nur zart rötlich. Im Sommer trank man den starken Schilcher besonders in den Landwirtshäusern, mit heimischem Mineralwasser verdünnt. Das Getränk nannte und nennt man „Mischung“. Zum Vermischen bediente man sich eines so genannten „Didldeischeks“, einer Art Quirl, einer kleinen, runden, mehrfach durchlöcherten Holzscheibe auf einem Stiel.

Weinstock
Der Weinstock ist, wie Rebkernfunde beweisen, seit den ältesten Epochen der Menschheitsgeschichte bekannt. Er ist ein beliebtes Motiv in der Kunstgeschichte und wird mehreren Personen als Attribut beigestellt. Als Lebensbaum Christi wird er im Kunstschaffen der Spätgotik und der Renaissance immer wieder aufgegriffen. Dass der Weinbau so alt ist wie das Menschengeschlecht selbst, geht aus einem Bericht des Alten Testaments hervor. Danach hat Erzvater Noah den ersten Weingarten angelegt. Es heißt in dem Bericht, dass er nach der Sintflut angefangen habe, die Erde zu bebauen, und dabei einen Weinberg zu pflanzen begann. Nach einiger Zeit soll Noah einen Ziegenbock beobachtet haben, der sich immer wieder von der Herde trennte und am Abend fröhlich und vollgefressen zurückkam. Eines Tages folgte er dem Bock und beobachtete, wie dieser von einer Traube naschte. Noah schnitt sich daraufhin selbst einige Trauben ab und da sie ihm mundeten, legte er einen Vorrat davon in einen Trog. Alsbald entstand daraus ein Saft, der nach einigen Tagen zu gären begann. Noah sah den Saft und kostete ihn. Er musste darauf, von der Kraft des Weines bezwungen, seine erste Niederlage einstecken. Die Rolle des Ziegenbockes ist dabei von besonderer Bedeutung. Vom Weinstock naschend, finden wir ihn in mehreren Wappen von Weinhauern in fast allen Weinbaugebieten Europas. Die Gestalt des Bockes blieb darüber hinaus im Brauchtum der heimischen Weinlese bis in die heutigen Tage lebendig.

Bearbeitung des Weingartens
Die früheste Erwähnung von Arbeiten im Weingarten findet sich in der „Lex Baiuariorum“ um 740 n.Chr. Es heißt dort, dass die Weinstöcke gepflanzt, die Weingärten umzäunt und umgegraben, die Reben vermehrt und geschnitten und die Trauben gelesen werden sollen. Die Weingärten des frühen Mittelalters lagen durchwegs in der Ebene, wo sie bequemer anzulegen waren. Erst ab dem 10. Jahrhundert wurde der Terrassenbau auf Hängen eingeführt. Die Weinkulturen wurden damals wie heute von bäuerlichen Menschen gepflegt, welche man hierzulande Weinhauer nennt. Ihre Bezeichnung leiten sie von der sehr wichtigen Arbeit im Weingarten, dem „Hauen“ ab, einer Bodenbearbeitung, die mit einer Haue durchgeführt wird. Das Hacken oder Hauen dient vor allem der Auflockerung des Bodens und der Entfernung des Unkrautes. In alter Zeit

werden schon „Rebhauer" genannt, aber auch „Weinzierln" oder „Weinzettel" waren gebräuchliche Bezeichnungen. Der Name „Winzer", der bis zum heutigen Tage üblich ist, wurde zweifellos vom lateinischen „Vinitor" abgeleitet.

Die Erdarbeiten mit „Hauen" sind, wie Ausgrabungen bestätigen, schon in römischer Zeit gemacht worden. Leichtere Formen der ursprünglich schweren Haue sind die „Spitzhauen", auch „Häundl'n" genannt, die meistens von den Frauen gehandhabt wurden. Für die tiefe Bodenbearbeitung verwendete man Spaten. Das Rebmesser (auch „Sesel" genannt) war über das gesamte Weinbaugebiet Österreichs verbreitet. Funde aus der Römerzeit bestätigen seinen frühen Gebrauch. Die heutige Rebschere ist eine verbesserte Form des Rebmessers und stellt eine der wenigen Neuerungen dar, die es für die Bearbeitung des Weingartens gibt. Die Tätigkeit des Weinbauern gehört damit zu den ganz wenigen, die sich im Laufe mehrerer Jahrhunderte nur geringfügig verändert hat.

Schnitt der Reben, Weintraube

Im Schneiden der Reben ist der eigentliche Anfang der Weinkultur zu suchen. Im zeitigen Frühjahr (etwa ab Februar, März) werden die trockenen Reben abgeschnitten. Der Rebstock, auch „Mutterstock" genannt, blutet und tränt, bildet jedoch nur so immer neue Triebe, welche wachsen und Früchte tragen. Hildegard von Bingen bringt den Rebschnitt mit den Mondphasen in Zusammenhang. Allgemein gilt, dass zu viele Rebtriebe eine schwache und geringe Ernte bringen. Die Güte des Ertrages eines Rebstockes hängt vom richtigen Blatt-Frucht-Verhältnis ab. Ist zu wenig Laub vorhanden, wird zu wenig Zucker gebildet, was wiederum die Qualität des Weines beeinflusst. Die vielen Anschnitte, die schließlich verholzen, geben dem Rebstock ein sonderbar knorriges Aussehen. Dazu kommt das natürliche, erstaunlich bizarre, gebogene Holz der Reben und der Wurzeln. Diese Formgebung verlockte schon seit alters her, besonders groteske Formen, etwa Tiere oder Fabelwesen, in ihm zu erkennen. Die Traube, auch „Weinber" genannt, ist die köstliche Frucht des Weinstockes. Sie galt im Altertum als eine der edelsten und besten Früchte und der daraus gewonnene Wein wurde zum Inbegriff sinnlicher Freude. Seit dem Altertum ist die Weintraube auch ein häufig verwendetes Symbol für die Fruchtbarkeit und die Mutterschaft.

Schutz der Weingärten und Trauben

Die Weingärten wurden in früheren Zeiten von einem „Hüter" bewacht. Von einem solchen Weingartenhüter wurde erwartet, dass er „ehrlich sei und gut sehen, hören und laufen könne". Er sollte ortsansässig sein, keine Vorstrafen haben und musste sich im Gelände gut auskennen. In alter Zeit waren die Hüter meist Besitzersöhne, für die sich der Vater oder ein reicher Hauer verbürgen musste. Dieser „Bürge", oft auch der Richter, kontrollierte die Hüter und ihre Arbeit.

Auch die Umzäunung der Weingärten ist urkundlich belegt. In vielen Gegenden galt zum Eigentumsschutz und zur Abhaltung von Vieh eine Einzäunungspflicht. Das „Zaunrecht" bedingte einen besonderen Frieden, das umzäunte Gelände war sogar aus der allgemeinen Flurverfassung herausgenommen. In einigen Fällen waren umzäunte Weingärten sogar mit Asylrecht ausgestattet. Das unbefugte Abschneiden der Weintrauben ahndete man seit ältester Zeit, wobei zwischen Diebstahl und Mundraub unterschieden wurde. Traubendiebe bestrafte man meist exemplarisch, indem sie an den Pranger gestellt wurden, für das Zerstören von Weinstöcken war hingegen das Abhauen der rechten Hand vorgesehen.

Schon in der Antike sanktionierte die Kirche bekannte Abwehrmittel gegen die gefürchtete Begleitung vieler Gewitter, den Hagel. Dazu gehörten in erster Linie Hagelkreuze und Wetterglocken. Im frühen Mittelalter konzentrierte man sich auf Bittprozessionen am Markustag (25. April) oder an den drei Bitttagen vor Christi Himmelfahrt. Auch Patrone wurden angerufen, so etwa der heilige Leonhard, der als Wind- und Wettermacher in dieser Funktion auch vor Schauer und Hagelschlag schützen sollte.

Ab 1600 ist in der Steiermark das Wetterschießen bezeugt. In Tirol und der Schweiz lästerte man deshalb über die Steirer, „dass sie mit Gott eine Krieg führen wollten." Im 19. Jh. ging man bereits statistisch vor und verzeichnete alle Hagel-Unwetter der Jahre 1819 - 1840. Die Auswertung zeigt, dass der dem Hochgebirge angehörige Norden und Nordwesten des Landes am wenigsten, die östlichen Grenzbezirke und der ganze Süden am häufigsten von Hagelschlägen heimgesucht wurden. Sehr schwierig war es, für die Hagelschläge eine Versicherung zu finden. Bedenkt man beispielsweise die intensive Bewirtschaftung der Untersteiermark in dieser Zeit mit den vielen kleinen Weingärten, so kann man die Unlust der Versicherungen zu einer Übernahme der Schadensfälle verstehen.

Weinlese

Bei der Weinlese ist es wichtig, dass sie zur richtigen Zeit stattfindet. Liest man die Trauben zu früh oder zu spät, wird der Wein wenig haltbar und krank. Der Geschmack und das Aussehen der Trauben helfen, die Zeit für die Lese anzusetzen. Dazu gibt es mehrere Arten von Traubenproben. Ein Merkwort sagt: „Zu Theres (15. Oktober) beginnt die Les." Ernte bedeutete immer harte Arbeit mit einem festlichen Abschluss. Dabei beginnt und beendet die Hauerin die Lese mit dem Abschneiden der ersten und der letzten Traube, oft von einem Dankgebet begleitet. Sie trifft auch die Einteilung der Leser. Zur Weinlese eingeladen zu werden, gilt im Weinland auch heute noch als große Ehre. Die prominenteste Leserin war wohl 1743 Kaiserin Maria Theresia, die an ihrem Namenstag mit Familie und Gefolge einer Einladung nach Mannersdorf an der Leitha Folge leistete.

Die abgeschnittenen Weintrauben wurden in Kübeln gesammelt. Diese lösten die früheren Holzdaubengefäße mit zwei Handhaben, die so genannte „Viertelschaffe", ab. Der Inhalt der Kübel wurde in „Butten" geleert und anschließend vom Weingarten durch „Buttenträger", in der Regel junge Hauerburschen, hinausgetragen. In manchen Gegenden wird das Traubengut hernach in einen großen „Boding" (Bottich) geleert, oft auch ins „Loatfaß" gefüllt.

Kelterung

Vor dem Auspressen in der „Kelter" wurden die Trauben eingemaischt, das heißt, mit den Füßen oder mit Kolben zerstoßen. Die Forderung nach Reinlichkeit bei der Kelterung des Weines ist dafür schon sehr alt. Bereits in einer Handschrift Karls des Großen heißt es: „Die Bevollmächtigten haben darauf zu achten, dass niemand Trauben mit den Füßen keltert, außer es geht sauber und reinlich zu." Des Weiteren lautet die Vorschrift: „Sie dürfen weder Brot noch Lauch, Zwiebel oder Knoblauch oder sonst etwas essen, wovon der Wein den Geschmack annehmen könnte." Für die Weißweingewinnung werden die Trauben sofort nach dem Einmaischen gepresst. Der Rotwein aber bleibt solange auf der Maische stehen, bis er angärt und den Schalen dadurch den dunklen Farbstoff entzogen hat. Das Einmaischen vor dem Pressen diente der höheren Saftausbeute. Gepresst wurde entweder mit Baumpressen oder mit den etwas kostengünstigeren Schrauben- bzw. Spindelpressen.

Fässer
„Des Winzers Reichtum liegt in den Fässern", heißt ein alter Ausspruch. Das hölzerne, aus „Dauben" gefertigte Weinfass hat eine kulturgeschichtlich hochinteressante Entwicklung durchgemacht. Doch war es weder eine griechische noch eine römische Erfindung. Es wird erstmals aus den waldreichen Alpengebieten des cisalpinischen und transalpinischen Gallien und Illyriens gemeldet. Auf die Weinfässer legte der Weinhauer zu allen Zeiten viel Wert. Die Fassbodenschnitzerei hat dabei ihren Ausgang wohl in den Klosterkellern genommen. Das Beschnitzen der Fassböden mit Heiligengestalten entspricht wahrscheinlich dem Gedanken, den Wein zu „taufen". Die Weine stehen dann unter dem Schutz des jeweiligen Patrons. Die meisten Weine waren im Altertum dem Evangelisten Johannes zugeordnet. Die schönsten Fassböden sind aus der Zeit des Barock und Rokoko erhalten geblieben.

Die ältesten Fässer hatten nur eine einzige Öffnung zum Füllen und Entleeren, die auf dem oberen Fassbauch angebracht war. Diese „Spundloch" genannte Öffnung, aus welcher der Wein nur mit dem Weinheber entnommen werden konnte, ist in der Regel unverziert. Aber das „Beil" oder der „Zapfen" trägt in vielen Weinbaugegenden ein Gesicht. Die Fässer nahmen allmählich solche Größe an, dass man sie an Ort und Stelle aufbauen musste und nicht mehr entfernen konnte. Alle Reparatur- und Reinigungsarbeiten mussten daher im Keller vorgenommen werden, weshalb man den Fässern eine Tür einbaute. Die Fasstür wird mit dem so genannten „Fassriegel" verschlossen. Auf den Fässern sitzen zuweilen „schwarze Katzen" in Form von äußerst realistisch geschnitzten Holzplastiken. Die schwarze Katze auf dem Fass wurde als Wächter des Weines auserkoren, weil sie als klug gilt und so das berufene Haustier darstellt, um den besten Tropfen des Kellers zu schützen.

Ein berühmter griechischer Philosoph, Diogenes von Sinope, soll laut Überlieferung sogar in einem Fass, natürlich einem leeren, gelebt haben. Von ihm wird berichtet, dass er „Alexander den Großen", der ihn besuchte, mit den Worten empfing: „Geh mir aus der Sonne." Kein anderer Mensch hätte wahrscheinlich diese direkte Abweisung ungestraft überlebt. Aber Philosophen hatten eben eine Sonderstellung oder einen besonders guten Wein.

Gärung

Die Gärung ist ein biologischer Vorgang, der durch Hefepilze ausgelöst wird, die im Boden stets vorhanden sind und durch Wind, Regen, Wespen, Ameisen und Fliegen auf den Rebstock und die Trauben gelangen. Die Hefepilze spalten den Zucker des süßen, trüben und dickflüssigen Mosts in Äthylalkohol und Kohlendioxid. Die Gärung verläuft bei einer Temperatur von 15 - 25 Grad Celsius. Sie hört auf, sobald der Alkoholgehalt auf 13 - 15% gestiegen ist, weil dann die Hefen ihre Tätigkeit einstellen. Die Hauptgärung verläuft in warmen Gegenden in drei bis acht, in Mitteleuropa in acht bis vierzehn Tagen, in kalten Kellern sind vier bis sechs Wochen erforderlich. Kellereirechnungen und Weinordnungen bestätigen, dass die „geschlossene Gärung" im Mittelalter die häufigste Methode zur Herstellung von Wein war. Lediglich in Südeuropa wurde die offene, also oxidative, Gärung bevorzugt.

Weinqualität

Weine waren in früheren Zeiten nicht immer naturbelassen. Eine große Anzahl von Weinbehandlungsmitteln wurde nicht nur gegen Weinkrankheiten, sondern auch für die geschmackliche Veränderung eingesetzt. Kräuter- und Gewürzweine waren dabei sehr beliebt. Die Tradition, Weine zu aromatisieren, stammt aus der Antike. In speziellen „Weinbüchern" wurden Wirkung und Rezepturen der verschiedenen Zusatzstoffe genau beschrieben. So verwendete man beispielsweise Lehm oder auch Asche zur Klärung des vergorenen Mosts. Besonders positiv sollte Rebasche wirken. Für die Haltbarmachung wurden verschiedene Harze herangezogen und gegen trüben Wein kam gebrannter Weinstein zum Einsatz. Bei Versuchen, den Wein durch Erhitzen haltbarer zu machen, entstand vermutlich auch der Glühwein. Für die geschmackliche Veränderung empfahl man im Mittelalter Espenholz, gedörrte Heidelbeeren und getrockneten Schwarzen Holunder. Sie sollten dem Wein einen „edlen smack und edlen geroch" geben. Auch der Weinfarbe wurde mancherorts nachgeholfen. Safran, Rebasche und Melisse wurden für den Weißwein empfohlen, Holunder für den Rotwein. „Ist der welsche Wein trüb, gibt man ihm am besten Weizen oder Hopfen bei", heißt es an einer anderen Stelle. Von den Aromaweinen seien besonders der Wermutwein und der Rosmarinwein genannt, die gerade in jüngster Zeit wieder eine Renaissance als Naturheilmittel erfahren.

Ausschank

Um Martini wird der „heurige" Wein trinkreif und kann danach verkauft werden. Geschieht das Ausschenken im Haus oder Keller, wird es „Leutgeben" genannt. Solches Weinverkaufen im Kleinen war in so genannten „Leutgebordnungen" rechtlich festgelegt. Diese finden sich für jeden Ort in den „Gerechtigkeiten" oder den „Ratsprotokollen" und setzten folgende Gebote fest: Keinen fremden Wein ausschenken, Ruhe aufrecht erhalten und Schulden der Weintrinker nicht zu groß werden lassen. Außerdem baut auf den alten Rechten das heute noch bestehende „Buschenschankgesetz" auf, welches 1928 vom steirischen Landtag beschlossen wurde. Hierin ist seit alters her die Dauer des Weinausschankes bestimmt. Es ist auch geboten, am Haus außen ein Buschenschankzeichen anzubringen.

Wein wurde in früheren Zeiten nur zu festlichen Anlässen gereicht, galt er doch als wichtiger und vor allem kostbarer Verkaufsartikel. Den „guten" Wein verkaufte man an Händler und Gastwirte, die direkt auf den Hof kamen, für den Eigenbedarf begnügte man sich mit einem Wein aus einer hybriden Weinsorte ähnlich dem „Heckenglescher". Die ärmsten der Weinbauern tranken zeitweilig einen Haustrunk, den sie „Pickerl" nannten und der durch ein zweites Pressen der Trauben gewonnen wurde.

Buschenschank („Aus'gsteckt is")

Sobald der neue Wein da ist, hängen im Südtiroler Weinland die Weinbauern mit roten Bändern verzierte Buchsbaumbuschen als Schenkenzeiger bei ihren Haustüren auf, worauf das so genannte „Törggelen" beginnt. Auch im steirischen Weinland wird bei den

Gaststätten, in denen neuer Wein ausgeschenkt wird, entweder ein Bündel Hobelspäne oder ein Kranz aus grünem Weinlaub aufgehängt. Man nannte diese Weinschenken deshalb auch bald „Buschenschanken". Auf Grund alter Privilegien durften nämlich die Selbsterzeuger ihren Eigenbauwein, wo er wuchs, an sitzende oder holende Gäste unter dem Buschen ausschenken. An Speisen gab es ursprünglich nur Brot, Käse, ungekochte Würste und Speck. Im Herbst waren auch Nüsse und in der Steiermark „Maroni" zu haben. Die Verabreichung gekochter Speisen war strengstens verboten.

Wie unsere heimischen Winzer vorwiegend den Römern die Pflege der Reben, ihre Werkzeuge, die Presse, die Verwendung des Schwefels und die Art der Weinlagerung verdanken, so stammt auch der grüne Weinzeiger aus dem alten Rom, denn schon Publius Syrus schreibt: „Es ist nicht notwendig, einen Efeukranz herauszuhängen, wenn der Wein gut ist." Der Efeu, der dem Weingott Dionysos geweiht war, war im alten Rom neben Strohbüscheln die traditionelle Bezeichnung der Weinschenke. Auch in einem Gedicht aus dem alten Rom erfahren wir, dass in den Tavernen und Butiken eine sehr fröhliche und ausgelassene Heurigenstimmung herrschte. Neben Musik, Tanz, Blumen und Würfelspiel wurden den Gästen von der feschen Wirtin auch noch folgende Genüsse geboten: Wein, Käse, Pflaumen, Kastanien, Äpfel, Maulbeeren, Trauben und Melonen. Am 22. April wurden dann die „Vinalia priora" gefeiert, wobei man den neuen Wein, der jetzt vollauf trinkbar war, anzapfte.

Der Buschen als Zeichen des frischen Weines und seines Ausschanks erscheint bereits zur Zeit Karls des Großen (8./9. Jh.) nördlich der Alpen. Im „Codex Austriacus (1704 - 1744) heißt es über die Schenkenzeiger: „Wipfel von jungen Fehren und Tannenbäumeln zu Weinzeigern abgestutzet." Nicht selten wurden Weinzeiger bei uns mit Efeublättern geschmückt. Dabei stehen die grünen Zweige und Blätter symbolisch für die junge Ernte, während die weißen und roten Bänder die Farbe des Weines anzeigen, der ausgeschenkt wird. Im Schilchergebiet von Gams, Frauental und Schwanberg sind es winzige Fichtenbäumchen, die mit bunten Seidenpapierbändern behangen sind, im Grenzgebiet von Eibiswald Bündel von Hobelspänen, mit bunten Papierbändern vermengt, in der Murecker Gegend neben Fichtenwipfeln auch Reisigkränze, die an einem Draht befestigt sind.

Das Privileg hinsichtlich des Weinausschankes wurde von Herzog Albrecht II. am 10 August 1357 als ein von alters her gegebenes anerkannt, von Herzog Ernst erneuert und von den nachfolgenden Landesfürsten mehrmals bestätigt. Das Ausschenken des Eigenbauweines ist daher ein altes Recht und war ursprünglich frei von jeder Abgabe ausschließlich im eigenen Haus erlaubt. Eine der ältesten „Leutgebordnungen" findet sich in Baden bei Wien aus dem Jahre 1459. In einer Chronik des 15. Jhs. lesen wir: „Es ist keine Unehr, einen Weinschank im Hause zu haben. Fast alle Bürger betreiben - wie berichtet wird - Tavernen, heizen die Stuben, halten gute Küche, laden leichtes Volk (Spielleute) zu sich, damit es lustig sei und besser getrunken wird." Zum Schutz des „Leitgebengewerbes" durfte ursprünglich keinerlei Speise gegen Bezahlung verabreicht werden. Die Vorschriften besagen wörtlich: „Es solle jedermann in sein selbs Haus und Keller schenken, aber er soll nicht mehr draufgeben als Brot, Zwiebel und Knoblauch."

Die Fürsorge um den Gast war mit der Bewirtung allein nicht abgetan. Da es damals noch keine Straßenbeleuchtung gab, warteten vor den Buschenschanken berufliche Fackelträger und Laternenbuben, um dem „Angestreuten" heimzuleuchten. Nicht mehr gehfähigen Gästen standen sogar Schiebekarren zur Verfügung. Im Schenkenkeller durfte niemand übernachten, auch der Besitzer nicht. Die Bedienung der Gäste durfte nur durch Mannsbilder erfolgen. Das Kartenspiel war in der Schenke streng untersagt.

Eng mit dem Heurigen verbunden ist eine alte Sitte, die noch in Niederösterreich weiterlebt, die aber heute nur mehr selten ausgeübt wird. Sie bestand darin, bei der Eröffnung und Schließung des Heurigen den ersten beziehungsweise letzten Gästen ein Viertel Wein kostenlos anzubieten.

In der Steiermark geht das heutige Buschenschankgesetz im Wesentlichen auf das kaiserliche Patent von 1784 zurück, wonach die Untertanen selbst erzeugte Lebensmittel, unter welchen besonders Wein und Obst erwähnt waren, beliebig frei verkaufen durften. In den Buschenschanken selbst durften geräuchertes oder gebratenes Schweinefleisch, Hart- und Weichwurst und Käse feilgeboten werden.

Trinksitten und -regeln

Als klassische Reihenfolge gilt in der Abfolge alkoholischer Tischgetränke: Bier, Weißwein, Rotwein, Sekt. Weiters gelten die Grundregeln: leichte vor schweren Getränken, Weißweine vor Rosé- und Rotweinen, einfache vor qualitativ höherwertigen Weinen. Außerdem körperarme vor körperreichen Weinen, säurearme vor säurereichen Weinen, junge vor alten Weinen, trockene vor süßen Weinen. Die idealen Getränketemperaturen sind: Bier ca. 8 Grad, frische Weißweine 8 - 11 Grad, Spätlesen 11 - 13 Grad, Beerenauslesen, Dessertweine 13 - 15 Grad, leichte bis mittelschwere Rotweine 14 - 16 Grad, alte und schwere Rotweine 16 - 18 Grad, Schaumwein, Sekt Champagner 5 - 7 Grad. Als Zuordnung zum Essen gelten folgende Regeln: zu hellem Fleisch und zu Fischen Weiß- und Roséweine, zu dunklem Fleisch Rosé- und Rotweine, zu salzigen Speisen trockene Weine, zu süßen Speisen süße Weine, zu leichten Speisen leichte Weine, zu schweren Speisen schwere Weine, zu Speisen, die stark mit Essig mariniert oder scharf mit Paprika, Chili, Cayennepfeffer oder Curry zubereitet sind: Bier.

Scherzkrüge

Beliebt waren ehedem auch so genannte „Scherzkrüge", die schon seit dem 14. Jh. dokumentiert sind. War ein Zecher schon etwas illuminiert, so wurde ihm der nächste Schoppen Wein in einem solchen Krug serviert, der so konstruiert war, dass man sich daraus kein Glas einschenken konnte, ohne sich über und über zu begießen. Dafür sorgten z.B. breite Schlitze im Hals oder ein ausgeklügeltes Röhrensystem, welches bewirkte, dass überhaupt kein Wein aus dem Krug kam. Der Spott der ganzen Wirtsstube war dem Unglücklichen, der in eine solche Falle getappt war, gewiss, wobei die soziale Komponente, die einem solchen Scherz unterlegt war, eine wichtige Rolle spielte. Nur so konnte der Wirt, ohne handgreiflich zu werden, mit Hilfe der anderen Gäste den Betrunkenen zum Verlassen der Schank animieren.

Weinhandel und Transport

Der Weinhandel als der Weinverkauf im Großen geschah früher

vom Fass weg. In alter Zeit war es üblich, den auch weiter entfernten Kunden Weinproben anzubieten. Zu diesem Zweck führte man „offenen Wein", in Flaschen verpackt, in einem Holzkoffer mit. Diese Koffer waren mit Eisenbändern beschlagen und versperrbar. Der Weintransport zu Lande wurde mit Ross und Wagen durchgeführt. Die Fässer lagen meist, mit Stroh gebettet, auf einem Stangenwagen, der oft einen eingeflochtenen Korbeinsatz hatte. Der Fuhrmann saß unter einem tonnenförmigen Dachaufsatz und konnte so dem schlechten Wetter trotzen.

Mythologie

Der Wein hatte in Mythologie und Religion sehr oft einen hohen Stellenwert. Die Riesentraube steht im Alten Testament für das „gelobte Land". Wohl in Anlehnung daran bezeichneten die christianisierten Wikinger das von ihnen entdeckte Neufundland auch als „Vinland", also Weinland. Ein Gefolgsmann von Leif Eirikson, Tyrkir der Deutsche, soll bei der Erkundung des Neulandes Weintrauben und -ranken gefunden und mit diesen experimentiert haben.

Natürlich gehört zum Wein und Weinbau auch ein Schutzpatron. Besondere Verehrung genießt dabei seit alters her der heilige Martin. Er machte den Traubenmost zu Wein, sein Namenstag fällt auf den 11. November. Schon die Griechen und Römer wie auch die Germanen feierten zu diesem Zeitpunkt ein Fest, weil an diesem Tage der erste Wein oder Most (Sturm) getrunken wurde. Der hl. Martin ist aber nicht nur der Schutzheilige der Weinbauern, sondern ebenso der Zecher und Trinker.

In allen Zeiten erwartete sich der Weinhauer in seiner Bedrängnis besondere Hilfe von der heiligen Maria als Fürsprecherin. Sie steht in einer überaus engen Beziehung zum Wein und zur christlichen Weinsymbolik. Aus der Zeit der frühen Gotik stammen deshalb viele so genannte „Traubenmadonnen", das sind Marienbildnisse, denen der Künstler eine Weintraube oder Rebranke als Attribut beigefügt hat.

Erntefeste

Der Autor von „Steiermark in Wort und Bild" schreibt: „Seit 1880 wurden die Erntefeste zwar immer seltener, aber der Ernteschmaus ist geblieben. Im westlichen Theile der Steiermark findet derselbe am ersten Sonntag nach dem Martinstage statt und wird „Martiniloben“ genannt. In der Radkersburger Gegend wurde das zur Schlussfeier nach den schweren Feldarbeiten stattfindende „Mirtenmahl“ alljährlich abwechselnd von den einzelnen Bauern eines Ortes gegeben, die einen „halben Wein“ beistellten, während sich die übrigen mit Zugaben von Brathen und dergleichen betheiligten. Einst weit und breit berühmt war das Weinlesefest, welches aber im Laufe der Zeit schon viel von seinen Eigenheiten verloren hat.“

Beim Lesen helfen oft die Nachbarn einander aus. Neben Geldentschädigung gibt es auch ein festliches Essen, wie Nudelsuppe mit gekochter Bratwurst, Schweinefleisch mit Sauerkraut, danach als Süßspeise einen Reinling, mit Zwetschken gefüllt, dann nochmals Schweinefleisch mit Kren und zuletzt Krapfen. Am Abend isst man entweder Salat (gemischt, mit Kernöl) oder Kraut mit einer Auflage von Fleisch mit gekochtem Kren, dann gekochtes Obst, mit Branntwein übergossen, dazu „Schneeballen“ oder Branntweinkrapferl. Im Sulmtal gab es meist Rindfleisch mit Semmelkren und dann Branntweinkrapferl.

Eine kleine Weinanekdote

Zur schnelleren Übersendung von Mitteilungen hatte Kaiser Maximilian I. kurz nach 1500 einen regelmäßigen Stafettendienst zwischen Wien und Brüssel einrichten lassen, dessen Ausrichtung der Familie Thurn und Taxis anvertraut worden war. Das Beispiel machte Schule, sodass schließlich auch zwischen der Windischen Grenze und der Steiermark seit den 40er Jahren des 16. Jhs. eine ständige Postlinie eingerichtet wurde. Eigens besoldete Reiter beförderten die Briefe auf der Route zwischen Warasdin und Graz, wobei außer in den beiden Zielorten auch in Landscha bei Leibnitz, in Ehrenhausen, Marburg, Pettau und Sauritsch Poststationen bestanden. Wie aus den Unterlagen ersichtlich ist, erfuhr das Postwesen besonders während der Amtszeit des Obristen der Windischen Grenze, Hans Ungnad, bedeutenden Aufschwung. Aus dem Vergleich mit dem Ausstellungsdatum lässt sich auch die Beförderungsdauer der Briefe errechnen. So betrug die Transportzeit von Graz nach Warasdin drei bis vier Tage, wobei so genannte „Galgenbriefe“ sogar binnen zwei Tagen ihr Ziel erreichten. Trotz der guten

Organisation kam es aber immer wieder vor, dass es bei der Beförderung der Schriftstücke Verzögerungen gab. Ein Beispiel aus dem Jahr 1555 vermag dies deutlich und sogar in belustigender Weise zu demonstrieren: Am 15. September verfasste Landeshauptmann Ungnad eine Beschwerde an den Schlossherren von Spielfeld, Gregor Stadler. Darin bemängelte Ungnad, dass Gerüchten zufolge die beiden Murfähren in Spielfeld und Ehrenhausen nur sehr schlecht funktionierten, aber trotzdem „urfahrgeld“ von den Postreitern verlangt wurde. Außerdem kämen Postsendungen immer häufiger verspätet am Zielort an. Wegen der steigenden Türkengefahr könne dieser Umstand nicht länger geduldet werden. Unverblümt fordert Ungnad Stadler deshalb auf, bei wichtigen Postsendungen auf die Einhebung des Fährgeldes zu verzichten und den Fährbetrieb in tadelloser Weise aufrechtzuerhalten.

Gregor Stadler, sichtlich nicht auf den Mund gefallen, ließ mit der Antwort nicht lange auf sich warten und antwortete: Es entspreche keinesfalls den Tatsachen, dass die beiden Murfähren nicht funktionierten. Vielmehr würden sogar die Hölzer und Zugseile bei Tag und Nacht gewartet. Dann beginnt Stadler die eigentlichen Gründe für die Verzögerung darzulegen. Seinen Recherchen nach übergab einer der Postmeister den „züchtigen leut“ die Briefsendungen nicht, ohne ihnen auch ein kleines Trinkgeld zuzustecken. Offenbar sollte diese Zuwendung der rascheren Beförderung der Briefe dienen, doch wie so oft verkehrte sich die Annahme in das Gegenteil. Es stellte sich nämlich heraus, dass die Postreiter das Trinkgeld allzu wörtlich nahmen und „offt ainen halben unnd gannzen tag ettwo bei ainer Preeß in Pücheln“ saßen und meistens erst spät abends „voll angetrunckhen“ zur Murfähre zurückkehrten, wenn diese wegen der Dunkelheit nicht mehr verkehrte. Mitunter arteten die Saufgelage sogar in handfeste Schlägereien aus, weiß Stadler zu berichten. Das Antwortschreiben endet mit der Feststellung, das Problem der Briefverspätungen wäre nicht akut, wenn sich nur die Postreiter von dem Wein nicht aufhalten ließen.

Champagnerfabrikation

Die Champagnerfabrikation repräsentierte Ende des 19. Jahrhunderts eine Spezialität des steirischen Weinlandes. Sie hat sich in der Umgebung von Graz und Radkersburg angesiedelt. Das Gebiet im Norden von Graz bekam deshalb die Bezeichnung „steirische Champagne“, weil dort um 1850 die Champagnererzeugung ihren Anfang genommen hat und die Mehrzahl der Betriebe (4) etabliert war. Man verwendete in der Steiermark zur Gewinnung des Schaumweines die besten einheimischen Weine, welche von denselben Rebsorten herrührten wie jene, die in Frankreich Verwendung fanden. Dies sind der blaue Burgunder, der rote Burgunder, der graue Clävner, der Rhein-Riesling, der Welsch-Riesling, der Traminer und der Ruländer. Über die Qualität des steirischen Schaumweines heißt es in einem zeitgenössischen Geschichtsbuch: „Der steirische Champagner besitzt alle Eigenschaften, welche den französischen auszeichnen: angenehmen Geschmack, kräftiges und anhaltendes Moussieren und starken Kohlesäuregehalt. Von berufener Seite wird im nachgerühmt, dass er von vorzüglicher diätischer Wirkung und frei von gesundheitsschädlichen Beigaben sei. Der Absatz des steirischen Champagners ist ein starker. Heute prangen die Marken steirischer Firmen neben denen der Rheingegenden und Frankreichs in den großen Weinhandlungen zu Venedig, Mailand, Turin, Rom, London, New-York, Hamburg etc. Um die Größe der Produktion zu charakterisieren, sei nur erwähnt, dass die erste Firma der Branche in der Steiermark während der Jahre 1885 und 1886 allein 200.000 Flaschen erzeugt hat; die Gesamtproduktion des Etablissements in Radkersburg belief sich in derselben Periode auf 50.000 Flaschen.“

7. Essen mit Nostalgie

Essen gehört für mich zu den ursächlichsten und sinnlichsten Wahrnehmungen des menschlichen Lebens. Essen ist der Gradmesser unseres Wohlbefindens, aber auch sein ärgster Feind und gleichzeitig der intimste Verbündete, wenn es darum geht, den Sorgen des Alltags zu entfliehen. Essen ist wahrscheinlich die sanfteste und ungefährlichste „Droge", aber vielleicht gerade deshalb die erbarmungsloseste. Wer sich diesem Genuss einmal verschrieben hat, landet meistens sprichwörtlich in des „Teufels Küche" und der Teufel kennt bekanntlich keine Gnade.

Essen ist aber immer auch eine Bezugsebene zu unserer Herkunft, sowohl in gesellschaftlicher wie auch geografischer oder kultureller Hinsicht. Essen hat eine geschmackliche, aber ebenso eine geschichtliche, systemische und familiäre Dimension, ja mehr noch: Essen differenziert und gleichzeitig verbindet es auch.

Als ich das erste Mal in der Schule in Steyr erzählte, dass es bei uns zu Hause an manchen Frühlingstagen „Röhrlsalat" mit Kernöl gibt, haben mich meine Klassenkameraden fast wie einen Außerirdischen betrachtet und mich für einen „Dampfplauderer" gehalten. „Röhrlsalat", was soll den das schon sein? Als ich dann berichtete, dass es sich dabei um junge Löwenzahlblätter, vermischt mit Erdäpfeln, Kräutersalz, Essig (oder Zitrone), Pfeffer und Kürbiskernöl handelt, war das Raunen und Erstaunen endgültig.

Schon damals wurde mir klar, dass es nicht nur eine Frage des unterschiedlichen Aussehens und der Sprache von Menschen ist, die primär unsere kulturelle Zugehörigkeit definiert, sondern nicht unwesentlich auch das Essen.

Tatsächlich geht es um eine nicht unbeträchtliche Menge an Essgewohnheiten, die mich als abgestammten Steirer von den typischen Oberösterreichern unterscheidet. Da waren zunächst die „Maroni", die in den 60er Jahren in Steyr und Umgebung in gebratener Form kaum jemand kannte. Für meinen Vater gehörte es zur familiären Tradition, Ende Oktober in die Südsteiermark zu fahren, um Edelkastanien zu kaufen. Dabei schwelgte er mit seinen Erzählungen tief in der Vergangenheit, wo er als 13-jähriger Junge mit seinem Vater in den Notzeiten nach dem 1. Weltkrieg die Wälder der untersteirischen Heimat abgesucht hatte, um einige Kilo der begehrten Früchte zu ergattern.

Und wie er es zelebrierte, wenn er dann zu Hause, in Steyr, die Maroni sorgsam mit seinem „Taschenfeitl" (Klappmesser) einschnitt und einzeln in kreisförmiger Anordnung auf den kleinen Holzofen in seinem Arbeitszimmer legte. Solange ich lebe, wird sich der Geruch der Maroni in meinem Bewusstsein als glückliche Kindheitserinnerung festhalten und mit einem Gefühl der tiefsten Zufriedenheit verbinden. Maroniduft bedeutete Frieden, weil in ihrer Genießbarwerdung die Welt ringsum stillzustehen schien.

Aber es gab noch vieles, was mein Gemüt auch heute noch in eine Art von Nostalgie versetzt, wenn es um südsteirische Speisen und Essgewohnheiten geht. Zum Beispiel der Heidensterz: Auch zu seiner Zubereitung war eine Fahrt nach Slowenien oder in die Südsteiermark unabdingbar, weil es „Heidenmehl" (Buchweizenmehl) in Oberösterreich nicht gab. „Heidensterztag" bedeutete immer eine kulinarische Zwangspause für meine Mutter. Sie, die aus Bayern stammt, hatte zu den Speisen der Südsteirer ursprünglich überhaupt keinen Bezug, außer der Offenheit, alles Neue zumindest einmal zu probieren.

Weil mein Vater den Heidensterz nur ein- bis zweimal im Jahr kochte, war auch die Qualität dieser außergewöhnlichen Speise jedes Mal ein Kriterium. Nicht immer gelang es ihm auf Anhieb, dieses „Armeleuteessen" genießbar anzurichten, und wer selbst einmal probiert hat, diesen dunkelgrauen Sterz zu produzieren, kann ein Lied davon singen.

Soweit ich mich erinnern kann, kam bei uns der Heidensterz immer mit ausgelassenen Speckwürfeln (Grammeln) und saurer Milch auf den Tisch. Sein eigenartiger Geschmack prägte sich meinem Empfinden ein und treibt mich auch heute noch bei jeder Südsteiermarkfahrt in alle möglichen Wirtshäuser, um ihn wieder zu finden.

Wesentlich öfter als den Heidensterz gab es Polentasterz mit Zwetschkenröster oder Zwetschkenmarmelade und dazu Feigen- oder Zichoriencafe.

Weit jagen konnten mich meine Eltern oder auch meine Grazer Tante mit einer Speise namens „Ritschert“. Alles in dieser suppenartigen Masse war mir als Kind zutiefst zuwider: das glitschige Rollgerstl, das geräucherte Selchfleisch, die Bohnen, der Lauch, die Suppenwurzeln... Aber die Zeiten haben sich geändert und damit ebenso der Geschmack. Manchmal greife ich jetzt gerne auf das „Ritschert“ zu, wenngleich es schon immer seltener angeboten wird. Viel lieber als das Ritschert hatte ich da schon die hervorragende Kürbissoße mit Grießknödeln und gebratener Knacker, welche Tante Frieda bei unseren Spätsommerbesuchen in Graz auf den Tisch zauberte.

Viele Seiten könnte ich noch damit füllen, wie sendungsbewusst mein Vater die Qualität und Besonderheit des Kürbiskernöls in alle Welt hinaustrug oder mit welcher Freude und Inbrunst er den ersten gebratenen Maiskolben verzehrte, der ihm bei den zahlreichen Steiermarkfahrten in die Hände fiel.

Eines dokumentieren alle diese Beispiele deutlich: „Wer offen zeigt, was er isst, zeigt immer auch, wer er ist.“ Dass dabei manche typischen Vorlieben und Eigenarten erst mit zunehmendem Alter und vielleicht sogar aus Nostalgie hervortreten, ist nicht neu, aber immer wieder bemerkenswert.

Ein Blick in die kulinarische Vergangenheit

Das gegen Ende des 2. Jhs. v. Chr. nachweisbare Königreich Norikum dürfte vermutlich den größten Teil der heutigen Steiermark umfasst haben und wurde 15. v. Chr. dem Römischen Reich einverleibt. Die Obersteiermark gehörte damit zu Ufernorikum, der Rest zu Pannonien. In der Ebene herrschten damals Ackerbau, Schweinezucht, Obst- und Weinbau vor. Angebaut wurden vor allem Hirse, „Heiden“, Weizen, Bohnen, Mais und später Erdäpfel.

Eines der frühesten erhaltenen Untertaneninventare stammt aus dem ausgehenden 16. Jahrhundert. Darin findet man interessante

Aufzeichnungen über die Ernährung der Landbevölkerung in der Weststeiermark. Den Hauptanteil an der täglichen Nahrung hatten zweifelsohne die zahlreichen Getreidesorten. Ablesbar ist aus den Inventaren auch die mangelhafte Nahrungssituation der Keuschler und Kleinbesitzer, die wohl nur durch Zukauf und Tausch mit anderen, meist klein gewerblichen Erzeugnissen und durch Taglohn bei größeren Besitzern überleben konnten. Die Getreideprodukte bildeten dabei den Grundstock der täglichen Ernährung. Zwei der wichtigsten Pflanzen zur Nahrungsbereitung, die heute in der Steiermark fast gänzlich verschwunden sind, damals aber in beträchtlichen Mengen angebaut wurden, sind die „Rispenhirse", im Volksmund der „Hirsch" genannt, und die „Kolbenhirse", in der Steiermark allgemein bekannt als „Pfennich". Hafer wurde hauptsächlich im Bergland nachgewiesen, weshalb er auch als „Berglergetreide" bezeichnet wurde. Es wird auch berichtet, dass man die Kleinkinder vor allem mit Haferschleim großgezogen habe.

Um 1660 findet sich in den Verlassenschaftsinventaren kaum ein Hinweis auf Mais. Dies ändert sich schlagartig um 1700. Auch der Buchweizen kommt in beträchtlichen Mengen bereits vor 1700 vor. Er gehört zu den alten Kulturpflanzen, die aus dem asiatischen Raum zu uns gekommen sind. (Aus heidnischen Ländern, daher die Bezeichnung „Heiden".) Buchweizen gilt als Pflanze, die einen kargen Boden braucht.

Fleisch und Fette

Als Fleisch- und Fettlieferanten sind an erster Stelle die Schweine zu nennen, von denen jeder Bauer im Winter ein oder zwei abstach. Auch die aufgezählten Fleischmengen und Fette, nämlich Speck, Schmer, Machet und Hacket, beziehen sich in der Regel auf die Herkunft vom Schwein. Ein „Schmerloab" ist jenes Fett, in welchem die Gedärme eingebettet sind. Unter „Machet" versteht man das Grammelschmalz, das allerdings beim Erkalten immer wieder umgerührt werden muss, damit die Grammeln nicht auf den Boden des Gefäßes sinken. Hacket ist gleichbedeutend mit „Verhackert", nämlich luftgeselchter, mit dem Messer fein gehackter Speck, der früher ausschließlich als Kochfett diente und erst in neuester Zeit als Brotaufstrich Verwendung findet.

Gemüse

Kraut und Rüben, Bohnen, Erbsen und Linsen waren im Mittelalter im Gegensatz zum Getreide als „kuchel nothurfften“ in der Regel zehentfrei und wurden daher häufig angebaut und konsumiert. Mit dem Wandel der alten Fruchtfolge zur neuen Fruchtwechselwirtschaft in der Zeit Kaiser Josefs II. vervierfachte sich der Krautanbau, außerdem wurde durch die Einführung von Erdäpfeln und Mais die Ernährung grundlegend verändert. Das Bohnenklauben war einst eine Arbeit für die langen Winterabende und erfolgte meist in Gemeinschaftsarbeit. Bohnen waren zur Zeit der Leibeigenschaft ein Grundnahrungsmittel und „die Jause“ der Robotbauern, die zu Mittag nur Kraut und Brot bekamen, sich aber mit den heimlich mitgebrachten gekochten Bohnen sättigen konnten. Auch die jungen Bohnenschoten (Fisolen) wurden zu zahlreichen Gerichten verarbeitet.

Nur wenige Pflanzen wurden tatsächlich in den Inventaren aufgenommen. Allen voran sind eben die Bohnen erwähnt. Da es sich um beträchtliche Mengen handelt, dürfen wir davon ausgehen, dass Bohnen zu den wichtigsten Nahrungsmitteln zählten.

Salate

Salate durften in der südsteirischen Bauernküche nicht fehlen und ergänzten als Würze und Zukost die einfache Bauernkost. Im bäuerlichen Hausgarten wurden und werden Frischsalate wie Häuptelsalat, Rapunzelsalat, Endivie, Gurke (Murkn), Paradeiser, Paprika und reichlich Würz- und Heilkräuter gezogen. Bevor man Gartensalat ernten konnte, sammelte man wild wachsenden Feldsalat, Röhrlsalat (Löwenzahn), Rampfe (Sauerampfer), Zichorie und Bachkresse. Im Winter gab es als Zukost Sauerkraut und Rüben, Rettich mischte man gerne auch mit dem Bohnensalat (Käferbohnen) und Erdäpfeln. Die Salate werden mit selbst gemachtem Apfelessig und viel Kürbiskernöl zubereitet. War eine Schüssel Grünsalat leer gegessen, schüttete man in die übrig gebliebene Marinade gekochte Bohnen. Eine besondere Bedeutung besitzt für die Süd- und Oststeiermark auch der Kren (Meerrettich), der in den Bezirken Feldbach und Radkersburg in großen Mengen angebaut wird. Frisch gerissenen und geriebenen Kren benötigt die steirische Küche vor allem für das „Steirische Wurzelfleisch“.

Kräuter
Wie die Kärntner Köchin verwendet auch die steirische Bauernköchin viele Kräuter aus dem eigenen Garten, dem „Wurzgarten“, so im Sulmtal Zwiebel, Knoblauch, Sellerie, „Maraun“ (Majoran), Lorbeer, „Bransilka“ (Basilikum), „Halant“ (Liebstöckl), „Dimes“ (Thymian), „Limonikräutl“ (Eberreis), Dille, „hantigen Kim“ (Kümmel), „süßen Kim“ (Anis), Salbei, „Berchtram“ (Estragon), „Keferfüll“ (Kerblkraut), Petersil, „Schnittling“ (Schnittlauch), Wermut, „Kathreinkräutl“ (Bohnenkraut), „Prominzen“ (Pfefferminze), Fenchel, Ysop, „Weinkräutl“ (Weinraute) und Beifuß. Zahnenden Kindern gibt man die so genannte „Feiglwurz“, die aus dem getrockneten Wurzelstock der Schwertlilie gewonnen wird.

Kürbis- und Kürbiskernöl
Der Kürbis wurde nach der Völkerwanderungszeit aus den römischen in die deutschen Lande gebracht. Lange Zeit nur als Heil- und Zierpflanze erwähnt, scheint erstmals im 16. Jh. ein „Kürbiskäse“ in den Dokumenten der Herrschaften auf. Im 18. und 19. Jh. ist sein Anbau im steirischen Unterland nachgewiesen, wo die Kürbisse in großen Mengen zwischen den Mais gepflanzt wurden und werden. Neben der Verwendung als Futtermittel für die Schweinemast dienen die Kürbisse vor allem zur Herstellung des beliebten Kürbiskernöles.

Wir dürfen nicht ohne Berechtigung annehmen, dass ursprünglich der Leinsamen, der sehr oft als „Haarlinsath“ genannt wird, in erster Linie zum Ölpressen verwendet wurde. Etwas später dann der Kürbis. Den ersten eindeutigen Hinweis auf die Erzeugung von Kürbiskernöl gewährt ein Ettendorfer Inventar vom 26. Februar 1735, das bei der Hofübergabe von Mörth Rumpf an seinen Sohn Sebastian aufgenommen wurde. Hier finden wir die „ausgeschölten Kürbis Khern“ im Wert von einem Gulden zwei Schilling. Die Tatsache, dass sie geschält waren, beweist eindeutig ihre Bestimmung zum Pressen.

Die südsteirische Küche verwendet neben Öl aus Mohn, Nüssen, Lein und Raps vor allem das Kürbiskernöl zum Kochen und besonders für Salate. Früher hatte man Kürbisarten mit Kernen, die eine dicke, weiße Schale besaßen. Sie mussten einzeln mit der Hand „abgeheppelt“ werden, dabei wurden sie vorher mit heißem Wasser befeuchtet. Bei dieser mühsamen Arbeit an langen Winterabenden halfen alle Hausbewohner, oft auch die Nachbarn mit. Diese Gemeinschaftsarbeit war vergnüglich, man plauderte, sang, stärkte sich bei Brot und Most oder Wein, mitunter gab es anschließend auch Musik oder Tanz. Die Kerne mussten vor dem Mahlen „ausgetriftert" werden. Nachdem sie in Wasser aufgeweicht worden waren, schwenkte man sie in flachen, weiten Strohkörben so lange, bis die dünne Oberhaut sich zu lösen begann. Ausgepresst wurde das Öl erst im Februar, die Mühlen mussten dazu einen eigenen Gang zum Mahlen der Kerne einrichten. Für kleinere Mengen hatten viele Häuser eigene Hausmühlen. Der gemahlene Kernbrei, das „Kack", wurde in etwa 1 m langen und 50 cm breiten, flachen Trögen mit etwas heißem Wasser vermischt und tüchtig durchgeknetet. Aus dem krümelig gewordenen Brei drückte man einst das Öl mit den Händen heraus. Der zusammengeballte Rest wurde in Flachpfannen auf starkem Feuer geröstet und dann ausgeschlagen. Später wurden Pressen für die Ölgewinnung verwendet. Die Arbeit des Ölpressens war mühevoll und schwer, die Beteiligten erhielten daher am Abend eine kräftige Eierspeise, die in frisch gewonnenem Kernöl gebacken wurde. Kürbiskernöl ist sehr fettreich, dunkelbraun und von nussigem Geschmack. Viele Steirer und Steiermarkliebhaber ziehen es mittlerweile dem Olivenöl vor.

Maroni, Edelkastanien oder „Kästn"

Hinter den drei Namen verbirgt sich jene Frucht, die mich schon als Kind faszinierte, weil sie mit einem Ritual in Verbindung stand. Sooft mein Vater das Einschneiden der Fruchtschale mit seinem „Taschenfeitl" zelebrierte, schwang immer auch Ehrfurcht mit, da ihm die „Kästn" vielleicht das Leben gerettet oder zumindest den allerärgsten Hunger nach dem 1. Weltkrieg zu stillen vermocht hatten.

Die „castanea sativa", wie die Edelkastanie im botanischen Fachausdruck heißt, sieht einer Rosskastanie zwar äußerlich ähnlich, stammt aber im Gegensatz zu dieser aus der Familie der Buchengewächse. Ursprünglich war sie wohl in Kleinasien zu Hause, von wo sie sich über ganz Südeuropa verbreitete. Der Baum erreicht an günstigen Standorten mehr als 20 m Höhe und wird bis zu 70 Jahre alt. Außerdem liefert er ein wertvolles, gerbstoffreiches und sehr dauerhaftes Holz. Die französischen Weinfässer bestehen häufig aus diesem Material, während die Rinde zum Gerben verwendet wird. Als Standort wählt die Edelkastanie sonnige bis halb schattige Plätze auf möglichst kalkfreien Böden. Die Blüte findet Ende Mai bis Mitte Juni statt, die Früchte lassen sich ab Oktober ernten.

Die einsamigen Früchte werden in den meisten Ländern geröstet und zum Wein gegessen oder zu Füllungen für Geflügelbraten verwendet, wobei jene für die „Martinigans“ die bekannteste ist. Schon der bedeutende Renaissancegelehrte Albertus Magnus empfahl den Anbau von Edelkastanien in Klostergärten, ebenso die berühmte Hildegard von Bingen.

Der Name „castanea“ wurde vermutlich durch die Römer von den Griechen übernommen. Im Englischen heißt die Frucht „chestnut“ und im Althochdeutschen „chestinna“. Im Mittelhochdeutschen wandelt sich dann der Name zu „kestene“ und später zu „kesten“. In dieser Form, allerdings mit Umlaut, hat sich der Begriff bis heute im steirischen Weinland erhalten.

In der Literatur des 16. Jhs. heißt es über die Edelkastanie: „wie man auch die kesten, wann sie noch in irer haut steckt und man sie im fewr braten will, zuvor ein wenig aufschneidet, dann sie sonsten mit gewalt ausz dem fewr springt und einen starken knall thut.“

Bis heute hat sich im Volksmund auch der Ausdruck „Maroni- oder Kästnbrater“ für die Slowenen gehalten, die diese Frucht schon seit alters her in großen Mengen konsumieren. Der berühmte Bildhauer Lorenzo Ghiberti schließlich hat die Edelkastanie 1403 am Portal des Baptisteriums von Florenz dargestellt.

Buchweizen Lied

Zan an Fruahsti a milchats Koch,
na, fürn Winta tats as noch.
S'Dröschn geat fraili schwa
s'wird da Mogn z'schnö la.

Kimt oba da stockat Starz,
mei, da locht ma's Harz,
a Kruag vull Schilchawein -
af da Wölt kann nix bessa sain.

Buchweizen, Hirse und Mais

„Heiden" war wie Hirse ein Volksnahrungsmittel hohen Ranges. Der Heiden war ja zur Zeit der Leibeigenschaft nicht zehentpflichtig und wurde als Nach- bzw. Zwischenfrucht nach dem Roggen angebaut. Nach dem Getreideschnitt durfte das abgeerntete Feld vor dem Heidenanbau nicht von der Sonne beschienen werden, hieß es, es musste also sofort angebaut werden. Der Heiden sollte noch vor dem ersten Frauentag (15. August) in Blüte stehen. Der „Heiden" ist kein wirkliches Getreide, sondern ein Knöterichgewächs. Er stammt aus Mittel- und Ostasien. An Inhaltsstoffen enthält er Eisen, Phosphor, Kalium, Calcium, Magnesium, Fluor, Kieselsäure und die Vitamine B1, B2 und B6. Besonders wertvoll ist das viele Lecithin, das der „Heiden" enthält. Buchweizen ist leicht verdaulich, reich an Lysin und wichtig für das Knochenwachstum.

Seit dem Spätmittelalter erschütterten Agrarkrisen, Missernten, Seuchen und vielfältige kriegerische Auseinandersetzungen die bäuerliche Lebenswelt und damit auch die Versorgungslage in der Steiermark. Zuerst war es der Buchweizen, der als äußerst ertragreiche und als Nachfrucht mögliche Getreideart eine Produktionsausweitung ohne zusätzliche Kulturflächen ermöglichte. Der Buchweizen, der bei uns vor allem unter dem Namen „Heiden" bekannt ist, ist allerdings sehr frost- und dürreempfindlich, sodass nur in günstigen Jahren hohe Erträgnisse erzielt werden können. Man sagte deshalb nicht ganz zu Unrecht, dass er in 18 Jahren nur einmal wirklich gedeihe. Es wird angenommen, dass der Buchweizen in Europa zuerst im 14. Jh. auftrat, damals bereits in Kärnten und zumindest seit dem 15. Jh. in der Steiermark bekannt war.

Wichtiger als der Buchweizen war in der Mittel- und Südsteiermark aber ohne Zweifel die Hirse als Nahrungsmittel. Davon waren drei Sorten bekannt: „Hirsch" (Rispenhirse), „Pfennich" (Kolbenhirse) und „Himmeltau" (Bluthirse). Hirse kommt bereits im landesfürstlichen Urbar aus der Zeit um 1220 als „milium" vor. Der Hirsebrei stand beinahe täglich auf dem bäuerlichen Speiseplan.

Der „Türkensterz" hatte in vielen Gebieten schnell den herkömmlichen „Hirsebrein" verdrängt - die Bewohner des linken Murufers von Ehrenhausen hießen deshalb „Breinfresser", die Bewohner des rechten Murufers schimpfte man „Türkensterzfresser".

Der Mais war in Amerika bereits in prähistorischer Zeit von den Indianern kultiviert worden. Bereits 1495 wurde er dann nach Spanien gebracht, gelangte von dort nach Italien, ist 1542 bereits in den Südalpen nachweisbar und kam von dort sehr früh nach Südtirol, wo er bereits in den Jahren 1573 und 1585 in Zehentrechnungen als „türggischer Weizen" zu finden ist. Wolf Helmhart von Hohberg schreibt 1682 in seiner „Georgica Curiosa": „Der Türkisch Weizen wird von den Indianern Mayz genannt. Er ist aus den Occidental Ländern erstlich in die Türckhey und von dannen zu uns gekommen. Die Hauer in Oesterreich bauen ihn gern in die Weinberge, wo ein wenig lährer Fleck ist, und hangen darnach die vielfärbigen Kolben in ihren Wohnzimmern zur Zierd auf."

Erster Nachweis von Maisanbau in der Steiermark

Im Jahr 1572 haben die „Weiber" der zwei Bauern Walch und Thomas Hold im Dörfl Hardt (Pfarre Thal westlich Graz), die dem Freiherrn von Windischgrätz auf Oberthal untertänig waren, im Forst der Herrschaft Unterthal heimlich eineinhalbhundert Baumstämme niedergehackt und in ihre Häuser gebracht. So lautet eine Anzeige gegen zwei Frauen, deren Ehemänner wegen dieser Tat kurzzeitig verhaftet wurden. Am 30. Juli 1572 befasste sich der Besitzer von Oberthal, Erasmus von Windischgrätz, ausführlich mit dem Fall und nimmt abschließend seine Untertanen gegen die Vorwürfe in Schutz, indem er seiner Überzeugung Ausdruck verleiht, dass die zwei Weiber keine Baumstämmchen, sondern lediglich einige Ruten genommen hätten, mit denen sie einen „türggischen waitz oder waß sy für aine seltsame sat gethan, sie dann zu besteckhen vorhabens gewesen seien." Dies ist die erste gesicherte Nachricht über einen Maisanbau in der Steiermark.

Entscheidend für die rasche Verbreitung des Maises im 17. Jh. dürfte eine Verschlechterung der Lebensverhältnisse in der zweiten Jahrhunderthälfte gewesen sein. Diese Tendenz hielt bis ins 18. Jh. an. Um 1750 werden der „türkische Koch" und der „Türkensterz" bereits geradezu als Volksnahrung bezeichnet. Natürlich wurde der Mais auch immer wichtiger als Futtermittel in der Tierzucht, vorwiegend für die Schweinemast in der Südsteiermark. Zahlreiche Verlassenschaftsinventare beweisen die große Bedeutung, den der Mais in Kärnten und der Süd- und Untersteiermark hatte. Aus mehreren Verlassenschaftsinventaren des ausgehenden 18. Jahrhunderts aus dem Bereich Hengsberg wurde errechnet, dass damals etwa 35% des in den Getreidekästen gelagerten Getreides „Türkischer Weizen“ waren.

Wie der Mais zu seinem Namen kommt

Der botanische Gattungsname für den Mais, „Zea Mays“, wurde im Jahr 1737 von Linné eingeführt. Die Indianer auf Haiti nannten diese Pflanze „Mahiz“, das bedeutet „das Leben Erhaltende“. In Tirol, Kärnten und der Steiermark wurde der Mais in der Volkssprache bis ins 19. Jh. allgemein als „türkischer Weizen“ bezeichnet und vor allem in Kärnten und der Steiermark zu „Türken“ verkürzt. Die Bezeichnung „Kukuruz“ war bis ins 19. Jh. wenig gebräuchlich, zumindest nicht im bäuerlichen Bereich der Ostalpenländer. Dieses aus dem Serbokroatischen entlehnte Wort dürfte zuerst in der Untersteiermark verwendet worden und von dort nach Kärnten und in die Steiermark gekommen sein.

Brot

Wenn ein Fremder als Gast ins Haus kam, so verlangten die Gastfreundschaft und der alte Brauch, dass man ihm ein Brot mit einem Messer dazu vorlegte. Früher gab man auch Salz auf den Tisch, da nicht jedes Brot gesalzen war. Auch dem fortgehenden Gaste gab man früher ein Stück Brot als Wegzehrung mit. Das in flachen Laiben gebackene Brot wurde im Sulmtal aus einem gemischten Mehl hergestellt: zur Hälfte Roggen, zur Hälfte türkischer Weizen, zusammen gemahlen. Wenn in einem südoststeirischen Bauernhaus Brot gebacken wurde, gab es oft so genannte „Fleckn“. Dabei wurde eine Hand voll gesäuerter Brotteig auf einem bemehlten Ofenblech flach gedrückt und im Backofen schnell gebacken, bevor die Glut aus dem Backofen geräumt wurde. Im Ofen sollte dieser Flecken mit der Backkrucke kurz geschlagen werden. Sobald er gebacken war, wurde er herausgezogen, von Mehl und Aschenteilen gesäubert oder sogar leicht abgewaschen, mit einem Salbeibüschel, getunkt in Kernöl, Butter oder Rahm, bestrichen, leicht gesalzen und serviert.

Essenszeiten, Jause
Das Frühstück gab es im Sommer um 6 Uhr, im Winter etwas später, die Vormittagsjause zwischen 9 und 10 Uhr, das Mittagessen um 12, die Nachmittagsjause nahm man zwischen 15 und 16 Uhr ein und das Nachtmahl im Sommer zwischen 19 und 20 Uhr, im Winter auch schon früher.

Die Schulkinder, die oft den ganzen Tag nicht zu Hause waren, hatten meist nur ein Stück schwarzes Brot und bestenfalls einen Apfel, selten einmal ein Stück vom Frühstückstommerl mit. Zutaten wie Butter, Fleisch oder Wurst wären in der Schule aber auch für die Eltern damals gänzlich undenkbar gewesen.

Osterbrauch
Am Karsamstag wurden in den Sulmtaler Häusern Selchfleisch und Bratwürste gekocht, feines Weißbrot gebacken und gekochte Eier mit Zwiebelschalen gefärbt, bevor das Ganze in einen großen, flachen Stroh- oder Weidekorb kam, der am Ostersonntag zur Weihe in die Kirche getragen wurde. Das Feuer zum Kochen des „Weihefleisches“ sollte mit glühendem „Feuerschwamm“ entzündet werden, der am Karsamstag vor der Kirche bei der Feuerweihe geweiht wurde.

Frisch, saftig, steirisch
„Einen wichtigen Ertragszweig der Ost- und Südsteiermark bildet der Obstanbau, der fortwährend an Ausdehnung und Bedeutung gewinnt und insbesondere in Gemeinden, in welchen der Weinbau durch das Auftreten der Reblaus bedroht ist, dazu berufen scheint, für den Ausfall Ersatz zu bieten. Das Obst wird gegenwärtig nicht mehr ausschließlich gemostet oder nach Wien geführt, es bildet vielmehr einen bedeutenden und gesuchten Exportartikel nach Wien, Krain, Görz, Triest, Tirol, Ungarn, der Schweiz und Deutschland. Auch der Petersburger Markt wird zum größten Theile mit steirischem Obst von Berlin aus beliefert. Der höher gelegene Theil des Mittellandes ist vorwiegend auf die Kultur des Wirtschaftsobstes angewiesen, während das Unterland auch edles Tafelobst kultiviert. Die wichtigste Gattung ist hierzulande der Apfel, der in vielen edlen Sorten gezogen wird. Als Spezialität ist der Lichtenwalder Wachsapfel, benannt nach Lucas Lichtenwalder-Güldling,

bekannt. Als neue Sorte wurde auf der Weltausstellung in Wien im Jahre 1873 der in der Gegend von Gleisdorf cultivierte „Kronprinz Rudolf“ benannte Apfel ausgezeichnet“, berichtet ein Autor aus dem ausgehenden 19. Jahrhundert über den Obstanbau in der Steiermark.

Geschichte des Obstanbaues

Die ersten Obstfunde in der Steiermark wurden in einem Brandgraben bei Wies gemacht, sie stammen aus der Hallstattzeit, etwa 550 v. Chr. Um 400 v. Chr. gediehen hier bereits Edelkastanien, die, vom Bacherngebirge angefangen, über das südsteirische Weinland entlang des Fußes der Koralpe bis in den Bezirk Voitsberg reichten. Die Römer hatten den Obstbau weiter kultiviert, aber auch die im 6. Jh. eingewanderten Slawen fanden noch zahlreiche Obstkulturen vor. Mit der Gründung von Benediktinerklöstern fanden der fachkundig betriebene Obstbau und die Obstbaumpflege über die obstreichen Klostergärten Eingang zu den Gutsherrschaften und verbreiteten sich bald über das ganze Land. Zur Zeit Maria Theresias ermöglichte der bedeutende Überschuss an süd- und oststeirischem Obst bereits einen Export in andere Kronländer. Großer Wertschätzung erfreute sich dabei der „Maschanzker“. Besonders ausführlich widmete sich Erzherzog Johann der Hebung der Obst- und Weinbaukultur in der Steiermark.

Abgesehen vom nicht dokumentierten Genuss von frischem Obst und Beeren, können wir den beträchtlichen Verbrauch von getrocknetem Obst sehr wohl belegen, und zwar durch die gesamte Untersuchungsperiode, in der „dürres Obst“ in Form von Kletzen häufig vorkommt. Im gleichen Ausmaß waren auch getrocknete Zwetschken (Zwespen, Zwöschpen) vorhanden. Dass um diese Zeit als einziger Süßstoff der Honig der ländlichen Bevölkerung zur Verfügung stand, ist sicher.

Schon zur Zeit Maria Theresias nahm der Obstbau in der Steiermark einen derartigen Aufschwung, dass beachtliche Überschüsse in die benachbarten Kronländer, nach Ungarn und über Triest versandt wurden. Vor allem die steirischen Reinetten und Wintermaschanzker waren bis ins Ausland berühmt. Wichtig war auch der Export von Mostobst nach Deutschland und in die Schweiz.

Durch die Eröffnung der Eisenbahn über den Semmering im Jahre 1854 erhielt die Steiermark die wertvolle Verbindung mit der Reichshauptstadt Wien. Von da an begann der Handel mit Tafelobst nach dem Norden zusehends zu steigen.

„Und wenn der steirische Apfel den Tiroler vielleicht im Augenblick nicht in der Qualität zu übertreffen scheint, so wird sich der Beweis herstellen lassen, dass wir in der Quantität den Tiroler Apfel weit zu überflügeln im Stande sind", gibt sich ein Zeitgenosse selbstbewusst.

Durch den starken Aufschwung des Obstbaues kam es gelegentlich auch zu Auseinandersetzungen mit den Vertretern des Weinbaues, da man immer auch auf der Suche nach Anbauflächen war. So reklamierte ein namhafter Vertreter des Obstbaues 1888: „Der Obstbau muss Erweiterungen erfahren und andere Obstgattungen, an welche jetzt wenig gedacht wird, z B. die Nuss, oder die veredelte Kastanie (Maroni), die Pfirsiche oder Aprikosen müssen angebaut werden."

Die ersten Obstbauvereine wurden 1883 in St. Georgen an der Südbahn und in Marburg gegründet, wo auch das Zentrum des Obstanbaues lag. 1888 wurde die Steiermark in einem Artikel der „Landwirtschaftlichen Mitteilungen" als das Obstland der Zukunft bezeichnet, was natürlich in deutlichem Gegensatz zu den Befürwortern für den verstärkten Weinbau stand.

Der Obstbau war um die Jahrhundertwende ein bedeutender Faktor der heimischen Landwirtschaft und hat mit seinen Ausmaßen die Größe des heutigen Obstbaues bei weitem übertroffen. Steirisches Obst war damals bereits zu einem Qualitätsbegriff geworden und wurde in vielen Kronländern der Monarchie als besondere Spezialität zu hohen Preisen gehandelt. Sogar am Hofe des russischen Zaren wusste man steirische Äpfel zu schätzen.

Rezept-Selection

Suppen

He lusti, wohlauf,
is der steirische Brauch,
a türkischer Sterz
und a Schwammsuppn drauf.

Um Straden, Gnas, Mureck und Leibnitz ist die so genannte „Verhackertsuppe", bezeichnet nach den gehackten Fleischstückchen darin, ein häufiges Gericht. Noch südlicher, in Gegenden, die waldreicher sind, darf die Schwammsuppn nicht fehlen.

Saure Suppe

1 l Wasser, Salz, 20 - 30 g Mehl, Knoblauch, Essig

Leicht gesalzenes Wasser aufkochen lassen (meist mit etwas Knoblauch). Dann Suppenmehl (Roggen- oder Weizenmehl) mit wenig kaltem Wasser (oder mit heißem Obstessig) versprudeln, ins kochende Salzwasser einsprudeln und ein wenig verkochen. Vor dem Auftragen wird sie in der Südoststeiermark mit heißen Speckgrammeln oder Schweinefett abgeschmalzen und mit frischen, gehackten Gewürzkräutern verbessert.

Klachelsuppe (Schweinshaxlsuppe)

1 1/2 l Wasser, 40 g Mehl, 40 g Fett, 1000 g Schweinshaxn (Klacheln), Suppengrün, Schwarten, Salz, 1 Zwiebel, 1 Lorbeerblatt, Majoran, Wacholder- und Pfefferkörner, Knoblauch, Kümmel, etwas Essig

Schweinshaxn vom Fleischhauer in Scheiben hacken lassen, mit Salz, den Gewürzen, Suppengrün und Zwiebelscheiben weich kochen, dann mit Essig säuern und abseihen. Eine lichte Einbrenn aus Fett und Mehl mit der abgegossenen Suppe vermischen und das von den Knochen gelöste Fleisch hineingeben. Die Klachelsuppn gab es früher an Schlachttagen und wurde in der Süd- und Südoststeiermark meist mit Heidensterz gegessen.

Schwammsuppn

4 mittelgroße Erdäpfel, 200 g Schwammerl, 40 g Fett, 40 g Mehl, 1 Zwiebel, 2 Knoblauchzehen, Salz, Majoran, Thymian, Kümmel, Petersilie, Pfeffer, 1 Lorbeerblatt, 1 ¼ l Wasser

Wasser mit den geschälten, würfelig geschnittenen Erdäpfeln und den fein geschnittenen Schwammerln aufs Feuer stellen. In heißem Fett fein geschnittene Zwiebel anrösten, mit Mehl stauben, mit wenig Wasser aufgießen, gut verrühren und gemeinsam mit den Gewürzen zur Suppe geben. Bis zum Weichwerden der Schwammerl kochen lassen. Zuletzt gehackte Petersilie und die gepresste Knoblauchzehe beigeben. Man kann die Suppe auch mit etwas Rahm am Schluss verfeinern. Ähnlich wie die Klachelsuppn an Schlachttagen gegessen wurde, kam die Schwammsuppn nach erfolgreicher Sammeltätigkeit in den Wäldern auf den Tisch und wurde ebenso gerne gemeinsam mit Heidensterz verzehrt.

Weinsuppe

1 l Wein, 5 EL Zucker, 1 TL Zimt, Zitronenschale, 8 Eidotter, 2 EL Butter, 3 - 5 Semmeln

Wein aufkochen, nach und nach Zucker, Zimt, geriebene Zitronenschale beigeben. Dotter mit wenig Wasser versprudeln. In Scheiben geschnittene Semmeln in heißer Butter anrösten. Die Dotter in die Suppe rühren. Suppe auf kleiner Flamme heiß halten. Zuletzt Semmelschnitten dazugeben.

Hauptspeisen

Ritschert

350 g Bohnen (jede Bohnenart), 150 g Rollgerstl, 40 g Butter, 300 g mageres Selchfleisch, 1 Lauch, 2 Blätter Salbei, 2 Blätter Liebstöckl, 1 Zwiebel, 100 g Suppenwurzeln, Petersilie, 1 Knoblauchzehe, Salz, Pfeffer

Bohnen tags zuvor in Wasser einweichen. Selchfleisch, Suppengrün sowie Gewürz und gehackte Petersilie in Butter anschwitzen, nach und nach die abgetropften Bohnen und die Rollgerste dazugeben, würzen, mit Selchfleischsuppe aufgießen und langsam weich dünsten. Zugedeckt im Backrohr ausdünsten lassen. Das Ritschert soll körnig weich sein.

Fisolengulasch

100 g Selchspeck, 1 EL Öl, 1 Zwiebel, Salz, Essig, Paprika, 1 Knoblauchzehe, 700 g Fisolen, 2 Paradeiser od. 20 g Paradeismark, 1 EL Mehl

Speck würfelig schneiden, mit etwas Öl und ringelig geschnittenen Zwiebeln anlaufen lassen. Dann Paprika, Knoblauch sowie die geschnittenen Fisolen zusammen mit einem Spritzer Essig beigeben. Wenig Flüssigkeit dazugießen und weich dünsten. Zur Verbesserung gibt man entkernte Paradeiser oder Paradeismark dazu. Zuletzt mit wenig Mehl stauben.

Kürbis-Gurkensoße nach Tante Friedas Art

1 Zwiebel, 1 roter Paprika, ½ Speisekürbis, 1 - 2 Gurken, verschiedene Gewürze, Rahm und etwas Mehl zum Stäuben

Zwiebel klein schneiden und anrösten. Nachdem sie goldgelb ist, etwas Muskatnuss und Kümmelpulver beigeben. Paprika in kleine Stücke schneiden, Kürbis mit der Schale und die geschälten Gurken fein raspeln. Alle Zutaten zur Zwiebel in den Topf geben und ca. 10 Minuten dünsten lassen. Anschließend mit Salz, Pfeffer, einem Schuss Essig und Dillkraut würzen. Je nach Bedarf einen halben bis ganzen Suppenwürfel beifügen. Zirka 25 Minuten auf kleiner Stufe weiterdünsten lassen. Abschließend leicht mit Mehl stäuben und den Rahm (oder „Creme fraiche") unter die Soße rühren. Mit Grießknödeln servieren.

Grießknödel

200 g Grieß, ½ l Milch, 3 EL Butter, 3 Eier, etwas Knödelbrot, Salz und Pfeffer

Milch salzen, 2 EL Butter dazu, Grieß einrühren und leicht aufkochen. Danach auskühlen lassen. Semmelwürfel anrösten und mit den Eiern in den Grießbrei einrühren. 15 Minuten rösten lassen. Knödel formen, in kochendes Wasser geben und ca. 15 Minuten ziehen lassen.

Meerrettich, Apfelkren

Zu den besonders geschätzten Ingredienzien meines Vaters gehörte der Kren in allen nur erdenklichen Verwendungsformen. Ob zu den Krainerwürsteln, über das Kartoffelgulasch oder zum Rindfleisch: Er war von seiner Heilkraft und vor allem von seiner natürlich antibiotischen Wirkung überzeugt.

Neben dem Semmelkren gab es ab und zu zum Rindfleisch auch den vorzüglichen Apfelkren.

Er wird folgendermaßen zubereitet:
2-3 Äpfel, 2-3 EL geriebener Kren, Essig, Zucker, Zitronensaft
Äpfel schälen, fein reiben, mit etwas Essig, Zucker und Zitronensaft verrühren, zuletzt den Kren darunter rühren.

Heidensterz
300 g Heidenmehl, 1 l Salzwasser, 100 g Schmalz, Grammeln
Heidenmehl rasch auf einmal an einer Stelle ins kochende Salzwasser schütten, kocht sofort zu einem Klumpen zusammen. Diesen etwa eine halbe Stunde kochen lassen. Dann einmal umdrehen, anstechen und weiterkochen. Schließlich das überflüssige Wasser in ein Gefäß gießen, den Klumpen in kleine Brocken zerkleinern und ausdünsten lassen. Vor dem Servieren mit Schmalz und heißen Grammeln tüchtig abschmalzen.

Schlossar schreibt im Jahre 1881: „Sterz ist zumeist aus Heidenmehl. Dieser Heidensterz zählt zu den beliebtesten gewöhnlichen Speisen des Steirers.“ Gern wurde er mit „saurer Suppe“ (Schwammsuppn oder Klachelsuppn) oder mit saurer Milch serviert.

„Türkensterz“ (Polenta)
300 g grob gemahlener Maisgrieß, 100 g Schmalz, 1/2 l Wasser, Salz
Aus dem grob gemahlenen Maisgrieß kann der Sterz, wie vorher beschrieben, gemacht werden. Oder das Fett ins kochende gesalzene Wasser geben, den Grieß einrühren, ausdünsten lassen und verbröseln. Oder Maisgrieß in heißem Fett rösten, bis er heiß ist, dann mit kochendem Salzwasser abbrühen, zugedeckt am Herdrand stehen lassen, ausdünsten und abbröseln. Gern wurde dieser Sterz mit Milch oder Kaffee gemeinsam gegessen.

Nachspeisen

Sulmtaler Spagatkrapfen
560 g Mehl, 280 g Butter, 6 EL Obers, Salz, etwas Wein, 4 Dotter, 2 ganze Eier, fein geriebene Zitronenschale, Fett, Zimt und Zucker

Aus den Zutaten rasch einen Mürbteig bereiten, rasten lassen, dann messerrückendick auswalken, Vierecke von ca. 10 cm Länge ausschneiden und auf Blechröhren binden. In heißem Fett backen, herausnehmen, den Faden entfernen, in Zimtzucker tauchen und mit Marmelade servieren.

Potitzen

500 g Mehl, 60 g Zucker, 60 g Butter oder Margarine, 20 g Germ, eine Prise Salz, 1/4 l Milch, 1 Ei, 1 Dotter, geriebene Zitronenschale, Fett für die Form und Zucker zum Bestäuben
Für die Mohnfülle:
150 g geriebener Mohn, 100 g Brösel, 60 g Zucker, 2 EL Honig, 1/8 l Milch, geriebene Zitronenschale, 1 EL Rum, etwas Vanillezucker, Rosinen

Mit der halben Menge erwärmter Milch Germ auflösen, mit etwas Mehl zum Dampfl rühren, mit Mehl bestäuben und an einem warmen Ort zugedeckt „gehen“ lassen. Sobald das Mehl Sprünge zeigt, die anderen Zutaten mit dem Mehl zu Teig kneten. Zugedeckt gehen lassen, dann den Germteig in zwei gleich große Teile teilen, beide in der Länge der Wandelform rechteckig und fingerdick ausrollen, jede Hälfte mit der Fülle stark bestreichen, wie einen Strudel einrollen, aber von beiden Seiten zur Mitte hin mit dem Ende in die gefettete Form legen, gehen lassen und bei mittlerer Hitze etwa 40 Minuten backen. Vor dem Stürzen auskühlen lassen, dann mit Zucker bestäuben.

Mohnfülle:
Milch, Honig und Zucker aufkochen, noch heiß die übrigen Zutaten einrühren. Ist die Masse zu fest geworden, kann man mit Milch verdünnen.

Die Potitze ist das in der Steiermark und Slowenien beheimatete Gegenstück zum Kärntner Reinling. Je dünner der Germteig zwischen der dick eingestrichenen Fülle ist, desto besser schmeckt die Potitze.

8. Der Traum vom besseren Leben

Es grenzt fast an Blasphemie und lässt sich doch nicht verleugnen: So schrecklich, apokalyptisch, zerstörend und abgrundtief der 1. Weltkrieg auch war, so befreiend und befruchtend wirkte er auf viele Menschen und Gesellschaftsschichten. Mit seinem Ende verbinden die einen den Aufbruch in eine paradiesisch neue Welt und die anderen, die Realistischeren, den Beginn einer Ära mit neu gemischten Karten und der Chance auf die völlige Umgestaltung Europas, verbunden mit der Umverteilung aller Werte, Mittel und Machtpotentiale.

Unzählige Denkansätze, Philosophien, Ideologien und Welterklärungsmodelle schießen wie Pilze aus dem Boden und mit ihnen die unglaublichsten Heilslehren, eingebettet in Hoffnungen, Wünsche, Fantasien und Träume. Nicht selten kommt auch ein anderes Phänomen zum Tragen: Entwicklungen, die in zahlreichen Gebieten der Technik, der Forschung, der Kultur und der Bildung durch den Krieg unterbrochen wurden, erleben nun eine neue, nie gekannte Blüte.

Ein Bereich davon hat auch in der Geschichte der Familie Ločičnik eine besondere Bedeutung und Ausformung erlangt: die so genannte „Lebensreformbewegung". Schon mein Großvater hat bei vielen Anlässen sein Interesse für die Heilkraft des Wassers bekundet. Diese Wissbegier kam natürlich nicht von ungefähr, lebten doch in seiner unmittelbaren Umgebung einige namhafte Naturheiler.

Einer von ihnen war der „Naturarzt" Franz Krainer in Radkersburg, der andere, noch viel bekanntere, der „Wunderheiler und Flascherldoktor" Johann Reinbacher, besser bekannt als „Höllerhansl", in Stainz. Auch die Schriften und Theorien von Sebastian Kneipp waren Franz Ločičnik nicht unbekannt. Wenngleich diese frühen Formen der Naturheilkunde noch durchwegs dem Volks- und Aberglauben verpflichtet waren, beginnt doch in dieser Zeit die Umstellung auf die empirische Erforschung und praktische Erprobung der „Kräfte der Natur". Damit ist auch der später auftretenden „Lebensreformbewegung" ein Grundstein gelegt, die vor allem meinen

Vater und seinen Bruder Robert in den 20er Jahren maßgeblich beeinflussen wird.

Heilende Wasser

Wasser gehört zu den ältesten Heilmitteln der Menschheit und nimmt mit Recht eine überragende Stelle in der Volksmedizin ein. Neben dem gewöhnlichen Brunnenwasser kommt besonders dem fließenden Wasser, das nicht bloß reinigt, sondern auch „fortträgt", erhöhte Bedeutung zu, namentlich bei der Kulthandlung des „Wegschwemmens". Fließendes Wasser konnte darüber hinaus auch nicht „behext" werden und nahm dadurch, ebenso wie manche Brücken, eine besondere Stellung als Ort der guten Geister ein. Außerdem durfte man auch nicht in einen Fluss „pissen" oder spucken, weil dadurch die Gesundheit wegschwimmen konnte. Bereits im Mittelalter war der Glaube an die Heil- und Wunderkraft des Wassers in großem Ausmaß vorhanden. Nach altem Volksglauben konnte man eine Krankheit wegschwemmen, wenn man einen Teil des kranken Menschen oder etwas, was mit demselben in Berührung gekommen war, in fließendes Wasser warf. Besondere Heilkraft schrieb man dem Regenwasser zu. Wurde es in einer Zeit aufgefangen, in der ein Regenbogen am Himmel stand, so galt es als ein sicheres Heilmittel für alle Krankheiten. Auch den Tau hielt man für äußerst heilkräftig. Vor allem, wenn er am 1. Mai, zu Weihnachten oder am Johannestag (24. Juni) fiel. Ebenso hatte das Wasser der Osterzeit eine wichtige Bedeutung. Es wurde vorwiegend gegen die 77erlei Fieber angewandt. Noch im 18. Jh. galt auch der Wasserschaum, vor allem wenn er von Mühlrädern stammte, als heilkräftig.

Am Beginn des 20. Jhs. war es in der West- und Südsteiermark üblich, dass ein Fieberkranker seine Finger- und Zehennägel abschnitt, diese mit einer Schnur zusammenband und rücklings in einen Bach warf. Manchmal schrieb der Fieberkranke auch folgende Worte auf ein Stück Papier: „Fieber bleib aus, ich bin nicht zu Haus." Anschließend wurde der Zettel ebenfalls ins Wasser geworfen. In der Nähe von Radkersburg erzählte man sich einst die Legende vom so genannten „Bettlerbrunnen", durch dessen Wasser ein Mann sein Fieber verloren haben soll. Große Bedeutung schrieb man früher dem ersten Badewasser des Neugeborenen zu. Man bereitete das erste Bad gerne in einem Tongefäß von hellem Klang, weil das Kind dann später eine helle Stimme erhalten sollte. Das erste Badewasser durfte auch nicht an jedem beliebigen Ort verschüttet werden. Es sollte auf flache Rasenstücke gegossen werden, da sonst die Kinder leicht fielen oder einen kurzen Atem bekämen. Die abhärtende Wirkung von Wasser wurde ebenfalls angenommen. So heißt es in einem einschlägigen Medizinbuch des 18. Jhs.: „Kaltes Wasser hilft bei Weichlingen älterer Jahrgänge, welche durch Missbrauch des Weines, warmer Bäder, der Venus, der Thee- und Coffeegetränke sich verderbet und den Leib sowie sonderlich die nervösen Theile geschwächt haben." 1865 veröffentlichte Wilhelm von Winternitz eine rationale Begründung vieler Wasserheilverfahren. Ihm gelang der Nachweis, dass kaltes Wasser zur Ableitung des Blutes aus den inneren Organen führt und diese entlastet. Ein wichtiger Schritt zur wissenschaftlichen Betrachtung des Wassers war damit getan.

Auch der Begründer der Homöopathie, Samuel Hahnemann, und sein Zeitgenosse Pfarrer Kneipp erkannten die enorme Heilkraft des Wassers. „Schlichtes, kaltes Wasser zu trinken, sich damit zu waschen, zu begießen oder darin zu baden, sei äußerst heilsam", schrieb Sigmund Hahn in seinen Aufzeichnungen um 1740. Fast gleichzeitig hatte sich in Wien eine „recht seltsame, magnetische Wasserlehre" entwickelt, wie Zeitgenossen des Arztes Franz Anton Mesmer (1734 -1815) zu berichten wussten. Mesmer war davon überzeugt, dass sowohl Glas wie Wasser magnetische Kräfte aufnehmen, die sich zur Heilung verwenden ließen. Auch in Berlin wirkte ein Magnetopath mit Namen Karl Christian Wolfart. Ein Patient berichtet über das magnetisierte Wasser, „es habe den Geschmack weit angenehmer als Selzer Wasser und schöner als der beste Kaffee." 1849 bekam der junge Student Sebastian Kneipp einige der Schriften über Wasserheilungen in die Hände, die damit zur Keimzelle für seine späteren Kneippkuren wurden. So schrieb er in seinem Buch „Meine Wasserkur": „Wer immer die Wirkungen des Wassers versteht und in seiner überaus mannigfaltigen Art anzuwenden weiß, besitzt ein Heilmittel, welches von keinem anderen, wie immer gearteten Mittel übertroffen werden kann."

Der Naturarzt Franz Krainer

„Auf nach Klöch, zur Rückerlangung der verlorenen und Stärkung der geschwächten Gesundheit", heißt es in der „Zeitschrift für Gesundheitspflege“ vom Mai 1893. Im selben Jahrgang des Journals wird auch jener Mann gewürdigt, der allein für den Aufschwung des „Kurortes“ Klöch maßgeblich war: „Franz Krainer - ein steirischer Apostel der natürlichen Heilkunde und Gesundheitspflege“, wie er bevorzugt genannt wurde. Krainer stand in der Tradition, die seit der Mitte des 19. Jhs. unter dem Begriff „Naturheilkunde“ zusammengefasst wurde. Dabei ging es vor allem um die volksmedizinische Anwendung von Wasser, Luft, Licht und Sonne, welche den Mittelpunkt der Behandlung darstellte. Die Anwendung der Verfahren erfolgte in neu gegründeten Badeanstalten. Das Wirken Krainers in der Steiermark ist mit dem eines Sebastian Kneipp in Wörishofen/Bayern vergleichbar, mit dem Unterschied, dass er nie publizierte und ihm so eine größere Anhängerschaft verwehrt blieb. Franz Krainer wurde am 23. April 1818 in Pridahof 16 bei Bad Radkersburg geboren. Er empfing wesentliche Impulse für seine Therapien bei Dr. Gustav Novy in der Kaltwasserheilanstalt Radegund am Schökel. Von außerordentlicher Bedeutung für seinen Werdegang waren außerdem der Bruder seiner Frau, Baumeister Konrad Spranger, und mehrere für die Naturheilkunde aufgeschlossene Radkersburger. Im Spätherbst 1871 hatte sich unter Leitung von Richard von Kodolitsch der „Actienverein der Naturheilanstalt Klöch“ mit dem Sitz in Radkersburg gebildet. Er wurde im Juni 1872 vom k. k. Innenministerium bewilligt. „Der Zwecke der Gesellschaft ist die Errichtung und der Betrieb einer mit Trauben- und Molkekur verbundenen Natur- und Wasserheilanstalt im Dorfe Klöch, die Erwerbung der hiezu notwendigen Gründe, sowie der Betrieb der mit dem Zwecke des Unternehmens im Zusammenhange stehenden Handelsgeschäfte.“ Interessant bleibt festzuhalten, dass fast gleichzeitig die Gründung der Kaltwasserheilanstalten Graz-Eggenberg, Frohnleiten, Gleichenberg, Mürzzuschlag und St. Ruprecht erfolgte.

Im Jahre 1872 wurde in Klöch ein Haus erworben und für den Kurgebrauch umgebaut. Das notwendige Wasser wurde in eisernen Röhren aus Quellen in der Klausen eingeleitet, wofür entsprechende Verträge abgeschlossen werden mussten. Im Mai 1873 eröffnete man die erste Saison in der Naturheilanstalt Klöch, in deren Verlauf sich wenige, aber illustre Gäste wie der Dichter und Schriftsteller Alexander Graf Auersperg (besser bekannt unter dem Pseudonym

Anastasius Grün) einfanden. Im ersten Band des 1878 erschienenen „Lexikon von Steiermark“ wird Klöch als „überaus lieblicher Badeort“ beschrieben, dessen Besuch jedem Touristen zu empfehlen sei. Außerhalb der Kuranlagen unternahm man Spaziergänge in die Klausen und zur nahe gelegenen Ruine Klöch. Zur Belustigung veranstaltete man Bälle, Gartenfeste, Konzerte und Jagden und unternahm Ausflüge nach Halbenrain, Radkersburg, Straden und ins nahe Ungarn.

Zu den wohl bekanntesten Patienten Franz Krainers zählte Peter Rosegger, der seit seiner Kindheit mit gesundheitlichen Problemen kämpfte. In Franz Krainer fand er einen Naturheilpraktiker, der auch sein Asthma erfolgreich behandeln konnte.

Da Franz Krainer kein Arzt war, wurde er immer wieder behördlich belangt und seine Kuranstalt vom Zusperren bedroht. Nach einer neuerlichen Strafandrohung beging der erfolgreiche Heilpraktiker mit fast 82 Jahren am 21. März 1900 Selbstmord, bezeichnenderweise durch Ertränken im Gössendorfer Mühlgang. Das Kurhaus ist bis heute im Gastgarten des „Klöcherhofes“ erhalten geblieben. Der Kursalon, das spätere „Zieglerhaus“, wurde nach dem Zweiten Weltkrieg abgetragen.

Der „Höllerhansl“:
Der bekannteste, noch bis ins 20. Jahrhundert lebende Heilkünstler beschäftigte sich zunächst mit der Harnschau. Es handelt sich dabei um den 1935 verstorbenen Johann Reinbacher, der in der Steiermark und weit über deren Grenzen hinaus als „Höllerhansl“ bekannt war und großes Ansehen genoss. Der am 8. Dezember 1866 in der kleinen Gemeinde Döfl bei Bad Gams geborene Keuschlersohn kam schon früh nach Rachling bei Stainz, wo seine Eltern das Anwesen vlg. Höller erworben hatten. Dort besuchte der „Höllerhansl“, wie er nach dem Besitz später genannt wurde, auch die Volksschule. Aus Eintragungen in seinen späteren Dokumenten wissen wir, dass er das Schneiderhandwerk erlernt hat und sogar kurze Zeit Laienbruder im Karmeliterkloster zu Graz war.

Johann Reinbacher wurde zeitlebens zwischen zwei Neigungen hin- und hergerissen. Die eine Neigung war, sich mit medizinischen Problemen kranker Menschen zu beschäftigen. Die andere war eine starke Hinwendung zur katholischen Kirche und zu allem Religiösen. Die Grundlage für sein naturkundliches Wissen bildeten wahrscheinlich einige medizinische Fachbücher, die er während seines Aufenthaltes bei den Karmelitern gelesen hatte.

Am 9. Mai 1911 tat Johann Reinbacher einen für ihn sehr wichtigen Schritt. Schon in der Mitte der 40 stehend, ehelichte er die Witwe Cäzilia Bruchmann, geborene Groß - die „Cilli", wie sie alsbald ringsum genannt wurde. Als der „Höllerhansl" schon ein weit und breit bekannter Naturheiler war, betätigte sie sich als vortreffliche Managerin in allen seinen Angelegenheiten.

Der „Höllerhansl" stellte die Krankheiten seiner Patienten aus dem Urin fest und hatte bald einen solchen Zulauf, dass die von Graz nach Stainz verkehrenden Züge in den Jahren 1925 bis 1930 nummerierte Karten ausgeben mussten, um den Zustrom zu regeln.

Wie die meisten „Wunderdoktoren" verlangte auch der Stainzer kein Honorar. Aber die freiwilligen Spenden - 100 Kronen waren angeblich die kleinste Summe - häuften sich nur so bei 300 - 500 Patienten täglich. Jeden Tag von 6 Uhr früh bis 7 Uhr abends hielt der „Höllerhansl" im Eingang seines Mostkellers „Ordination". Seine aus Flascherln gewonnenen Diagnosen waren verblüffend einfach: „Schlechtes Geblüat, Lünglkatarrh mit Windfieber, saurer Schleim im Magen, Windverstopfung."

Als der 1. Weltkrieg ausbrach, musste auch der bereits 49 Jahre zählende Johann Reinbacher einrücken. Er wurde dem Infanterieregiment Nr. 47 in Marburg zugeteilt und kam letztlich zum Sappeur Bataillon Nr. 2, also zu jenen Pionieren, bei denen auch mein Großvater lange vor dem Krieg diente. Das Schicksal führte ihn an den grausamen italienischen Kriegsschauplatz, von dem er wie durch ein Wunder Ende 1918 heimkehrte.

Nun begann für den „Höllerhansl" eine noch weit steilere Karriere, die bis zur Mitte der 20er Jahre ständig nach oben ging. Irgendwann war aber auch der „Höllerhansl" dem gewaltigen Ansturm der Kranken und Hilfesuchenden nicht mehr gewachsen. Anfangs vernachlässigte er seine bis dahin ausgedehnten Ruhezeiten und später auch die Mahlzeiten. Mit Alkohol versuchte er dieses Manko auszugleichen, was ihm logischerweise nicht gelang und immer rascher dem Abgrund zuführte. Gegen Ende der 20er Jahre war er mittags oft schon sehr betrunken und ging hinüber in seine Kapelle, wo er lautstark betete. Das sprach sich herum und langsam blieben auch seine Patienten aus.

Zudem wurde der „Höllerhansl“ nun selber krank. Es war ein langes, qualvolles Leiden, das sich von da ab vollzog und nur durch die liebevolle Pflege seine „Cilli“ etwas abgemildert werden konnte. Johann Reinbacher starb am 20. Jänner 1935.

Die Lebensreformbewegung

Die Bezeichnung „Lebensreform“ wurde erstmals Mitte der 90er Jahre des 19. Jahrhunderts verwendet, ihre größte Popularität erreichte die Reformbewegung von Mitte der 1920er bis Ende der 1930er Jahre. In der Lebensreformdiskussion treten Vokabeln wie „Einfachheit, Naturgemäßheit, Gesundheit, Harmonie, Frieden oder Schönheit“ häufig auf. Die meisten Inhalte der Lebensreformer verweisen auf das „Bild vom gesellschaftlichen Neuanfang“ und stehen mit den Schreckensjahren des Ersten Weltkrieges in Verbindung. Innerhalb der Bewegung gab es mehrere spezielle Richtungen:

Die Bodenreformbewegung trat für die Übereignung des gesamten Bodens in das Gemeineigentum ein.

Die Gartenstadtbewegung strebte die Überwindung der sozialen Not und die Entflechtung des Lebens in der Stadt an. Als Hauptziel proklamierte sie die Ansiedlung von handwerklichen Betrieben auf dem Land und die Entproletarisierung der Arbeiter durch ihre Sesshaftmachung in Kleineigenheimen.

Weltanschaulichen und hygienisch-medizinischen Leitbildern entsprangen die so genannten „Wasser-Luft-Licht-Therapien“ und die Freikörperkulturbewegung. Die Abstinenzlerbünde und das Entstehen der ersten Reformwarenhäuser in den 90er Jahren des 19. Jhs. sind Folgen dieser gesundheitspraktischen Neuorientierung. Daneben kämpften Gruppen der Frauenbewegung für die Gleichberechtigung der Frau in Politik und öffentlichem Leben, gegen die Diffamierung des unehelichen Kindes und für die „freie“ Ehe.

Im Bereich der Jugendarbeit bildete man Wandergruppen, aus denen die „Wandervogelbewegung“ und später die „Freideutsche Jugend“ entstanden. Heimat- und Naturschutzbewegungen erhielten hier ihre wesentlichen Impulse, ebenso das Jugendherbergswesen.

Ebenfalls zur Gruppe der Lebensreformbewegungen gehörten die Theosophen, welche die alte indische Lehre von der Unsterblichkeit des Menschen durch immer neue Formen von Wiedergeburten wieder entdeckte. Dabei sah sich die Theosophie als innerster Kern aller Religionen der Erde, wodurch sich ihr kosmopolitisches Streben erklären lässt. Sehr schnell wurde jedoch die ursprünglich pazifistische und urchristliche Haltung der Theosophen von rassistisch und antisemitisch eingestellten Autoren unterwandert und in ihr Gegenteil verkehrt. Die Folge war eine in Deutschland und Österreich weit verbreitete deutsche Erlösungs- und Weltherrschaftsideologie.

Konsequenter als die diffuse und untereinander konkurrierende Theosophische Bewegung versuchte Rudolf Steiner mit seiner daraus entwickelten und 1912 abgespaltenen „Anthroposophischen Bewegung“ lebensreformerische Ziele zu verwirklichen. Seine besondere Leistung lag in der Verschmelzung theosophischer Mystik mit den schon vertrauten christlichen Begriffen sowie in der Versöhnung von Glaubenswelt und Naturwissenschaft im Sinne Goethes.

Die Naturheilkunde hatte bereits im 18. und frühen 19. Jh. zahlreiche Vorläufer für die Naturheilkundebewegung des späten 19. Jahrhunderts. Aber erst Männer wie Prießnitz, Schroth, Kneipp, Felke oder Rikli gingen radikale und einfach nachvollziehbare Wege in dieser Frage. Sie erinnerten sich der Gesundungskraft und des Gesundungswillens im Kranken selbst, den es zu wecken galt. Dazu bedurfte es keiner technischen Apparaturen oder komplizierter Pharmazie: Wasser, Luft, Licht und Erde, die naturgegebenen Elemente des menschlichen Daseins, sind die Schlüssel zu Heilung und glücklichem Leben.

Die Ernährungsreform entwickelte sich parallel zur vegetarischen Bewegung und, von ihr angeregt, beeinflusste sie auch maßgeblich die gleichnamige Bewegung, die zusätzlich Impulse aus der Antialkohol- und Antinikotinbewegung aufnahm. Das gesunde Leben sollte mit einem gesunden Essen und Trinken begonnen werden. Adolf Just (1859 - 1936) und der Schweizer Arzt Max Oskar Bircher-Benner (1867 - 1939) werden allgemein als geistige Väter der neuen Ernährungsrichtung angesehen. Etwas später gesellte sich der universal gebildete und interessierte Schweizer Werner Zimmermann zu dieser Bewegung, der auch ihr progressivster Publizist werden sollte.

Lebensreform und Kapitalismus, beschrieben vom Mitbegründer der Obstbaukolonie „Eden", Dr. med. Friedrich Landmann, im Jahr 1910: „Der moderne Krämergeist ist in unseren Augen eine der verwerflichsten Erscheinungen. Geschäfte machen, offenbar der einzige Lebenszweck vieler Menschen. Das heißt nichts anderes, als an dem, was andere Leute schufen, Geld zu verdienen. Wir sind uns darin einig, dass es eigentlich keinen anderen Erwerb geben dürfte als den Lohn für geleistete Arbeit, eingeschlossen das geistige und künstlerische Schaffen. Wir zweifeln sehr am Gelingen, auf der Grundlage der heutigen, kapitalistischen Weltwirtschaftsordnung einen wohlgestalteten „Bau" aufrichten zu können. Deshalb sind wir Lebensreformer zumeist Feinde des Kapitalismus. Darin dürften sich so ziemlich alle vorurteilslosen und weitsichtigen Kämpfer einig sein, dass der Kapitalismus keine segensreiche Einrichtung ist."

Der Grazer Nudistenverein „Gesunde Menschen"

Österreichweite Pionierfunktion für eine Lebensreform kam dem 1926 in Graz gegründeten Verein für Ethik, Ästhetik und Hygiene „Gesunde Menschen" zu. Der Schwerpunkt seiner Tätigkeit lag in der Anlage so genannter „Sonnenparks". Der Verein pachtete 1926 für seine Grazer Mitglieder in der Nähe von Ulrichsbrunn bei Andritz ein Grundstück im Ausmaß von 1.000 m², erwarb 1928 in Stattegg ein 10 Joch großes Grundstück und pachtete auf dem Maxenkogel nahe der Hohen Rannach einen weiteren, als „Lichtpark" bezeichneten Grund. Überall wurden Hütten für Luft- und Sonnenbäder errichtet. Der Verein errichtete 1932 in Neustift bei Graz ein Freikörper-Schwimm- und Sonnenbad, das aus einem Gastbad und dem eigentlichen Nacktbad bestand. Dieses Projekt hatte außerhalb Wiens Pionierfunktion und wurde durch katholische Kreise massiv bekämpft.

Die in vielem am europäischen Faschismus orientierte Gleichschaltung und Ausrichtung der Vereinsbewegungen erfolgte in der Steiermark mit unterschiedlicher Konsequenz. Die Repressionen betrafen Vereine, die in Verbindung zu sozialdemokratischen, kommunistischen oder anarchistischen Tendenzen standen. Vernichtet wurden etwa die Freidenkerbewegung, der einflussreiche Arbeiterabstinentenbund, die Naturfreunde und ein Teil der Turn- und Sportbewegung.

Als der wohl entschiedenste NS-Gegner unter den katholischen Lebensreformern der Steiermark trat Johannes Ude hervor, der aufgrund seiner Aktivitäten 1944 zum Tod verurteilt wurde, aber überlebte.

Das alkoholfreie Speisehaus in Graz

Den großen Problemen, denen sich die hart arbeitenden Menschen um 1900 durch den Alkohol ausgesetzt sahen, versuchte die „Lebensreformbewegung" in Deutschland und Österreich entgegenzusteuern. Aus diesem Grund kam es sehr früh zur Vereins- und Zirkelgründung für ein gesundes, drogenfreies Leben. Einer der bedeutendsten Vertreter dieser Bewegung in Österreich war, wie oben erwähnt, der in Graz lebende 4-fache Doktor Johannes Ude, der mit seinem Buch „Du sollst nicht töten" auch meinen Vater maßgeblich beeinflusste. Durch Udes Engagement kam es im Jahre 1913 nach einer Entscheidung des Handelsministeriums zur Errichtung des ersten alkoholfreien Speisehauses in Graz.

Dieses österreichweit herausragende Speise- und Kaffeehaus, das am 31. Mai 1919 unter der Leitung der Wienerin Leopoldine Scholz schließlich 16 Mitarbeiter beschäftigte, war von 6 Uhr morgens bis 22 Uhr abends geöffnet. Mittag- und Abendessen wurden wahlweise mit Fleisch oder vegetarisch serviert. Man reichte Trauben- und Apfelsaft, Zitronen- und Lindenblütenlimonade, „Göttertrank" oder Mineralwasser. Die tägliche Frequenz vor Kriegsbeginn betrug ca. 300 Personen. Doch auch die Kriegsjahre konnten dem Florieren des Restaurants keinen Abbruch tun. Während des Krieges wurden zahlreiche Soldaten kostenlos verpflegt. Das Speisehaus wurde durch eine Genossenschaft namens „Gasthausreform" bis in die 30er Jahre des 20. Jhs. geführt.

Schlussbetrachtung

Lebensreformdiskurse wurden ausführlich in eigenen Zeitschriften, wie etwa dem bereits 1876 erschienenen „Der Heimgarten" geführt. Dabei spielte auch die Frage nach einer vegetarischen Lebensweise eine herausragende Rolle. 1887 erklärte der weit über die Grenzen der Steiermark hinaus bekannte Schriftsteller Peter Rosegger aus ökonomischen und ethischen Motiven seine uneingeschränkte Sympathie für eine fleischlose Ernährungsweise. Es kam auch zu einer Thematisierung der Wanderkultur, insbesondere des Alpinismus und des heimatkundlichen Wanderns.

Franz Prischnig (1864 - 1919), Sohn eines tuberkulösen Schuhmachers und Kräutersammlers, publizierte ab 1897 in einigen anarchistisch beeinflussten Blättern und ab 1902 in der Grazer Zeitschrift „Der Volksanwalt" lebensreformerische und sozialpolitische Gedanken und Thesen. Diesen Diskursen kommt im Rahmen der artikulierten sozialpolitischen Themen wie Frauenemanzipation, Sexualreform, Antimilitarismus (Pazifismus) ein hoher Stellenwert zu. Im Vordergrund standen neben einer ausgeprägten alkoholkritischen Haltung der Vegetarismus, die Naturheilkunde, der Tierschutz, der Vogelschutz, Jagdkritik und die Tierquälereifrage sowie Siedlungsfragen.

Wichtige Grundlagen bildeten neben dem Spiritualismus fundamental-christliche, anthroposophische und theosophische Ansätze sowie die pazifistischen Schriften Leo Tolstois. Die antikapitalistische, antistaatliche und kosmopolitische Perspektive sollte primär über die Veränderung der Ideologien und Einstellungen sowie über eine „Selbstreform" (Vorbildwirkung) in Form einer naturgemäßen Lebensführung erreicht werden.

Sinn und Inhalt dieser Lebensweise „saugen" auch die beiden Söhne von Franz Ločičnik, Raimund (mein Vater) und Robert (mein

Onkel), begierig auf, ohne sich jedoch ihren radikalen Forderungen zu verschreiben. Vielmehr sehen sie in der „Lebensreform" jenen geistigen und ideellen Freiraum, um ihre kreative und künstlerische Individualität voll entfalten zu können. Robert realisiert seine Lebensreform mit seinem selbst geplanten, nordischen Holzhaus in Leoben-Göss und seinem an Kneipp orientierten Lebensstil. Raimund schließt sich der Bewegung um die beiden Schweizer Bircher-Benner und Werner Zimmermann an, um in der Folge in unzähligen Lichtbildervorträgen über die Schönheit der Natur auch seinen persönlichen Erfahrungen mit der Lebensreform Ausdruck zu verleihen.

Abbildungsverzeichnis

Sammlung Raimund Ločičnik:

1, 2, 3, 4, 5, 6, 8, 15, 18, 21, 22, 23, 25, 26, 27, 28, 29, 30, 31, 32, 33, 34, 35, 36, 37, 38, 39, 43, 49, 50, 51, 55, 56, 58, 59, 60, 61, 62, 63, 64, 65, 66, 84, 85, 96, 97, 98, 100, 101, 104, 105, 108, 109, 110, 115, 121, 122, 124, 132, 133, 134, 135.

Sammlung Karl Thürschweller:

7, 9, 10, 11, 12, 13, 14, 16, 17, 19, 20, 24, 41, 42, 44, 45, 46, 47, 48, 52, 53, 57, 67, 86, 95, 99.

Bild- und Tonarchiv Graz:

Sammlung Steffen: 40, 72, 73, 74, 76, 77, 136.

Sammlung Strohschneider: 93, 114.

Sammlung Prettner: 94, 107, 111, 112, 113, 116, 117, 118, 119, 120, 123, 126, 127, 128, 129, 130, 131.

Familie Jakopé: 68, 69, 70, 71, 80, 81, 82.

Familie Hack-Gebell: 87, 88, 89, 90, 91, 92.

„Jimmy" Schiberth: 102, 103, 106.

Familie Zweytick: 54.

Sammlung Bauchinger-Herber: 78, 79.

Familie Dreisiebner (Stammhaus): 75 und Titelblatt.

Familie Zierer: 83.

Literaturverzeichnis

Brunner Walter:
Frühe Nachrichten über Maisanbau in der Steiermark.
In: Blätter f. Heimatkunde; 68. Jg.; Graz 1994.

Burkert Günther:
Die Anfänge des Hagelschutzes und der Hagelstatistik im 19. Jh.
In: Blätter f. Heimatkunde; 55. Jg.; Graz 1981.

Cvirn Janez:
Perle an der Sann - Cilli. (Biser na Savinji - Celje); Celje 1993.

Farkas Reinhard:
Geschichte der Lebensreform in der Steiermark.
In: Ztschr. d. hist. Vereines f. Stmk.; XCI/XCII Jg.; 2000/01.

Glaise-Horstenau Edmund:
Die Katastrophe. Die Zertrümmerung Österreich-Ungarns und das Werden der Nachfolgestaaten; Wien 1929.

Goethe Rudolf/Goethe Hermann:
Atlas der für den Weinbau Deutschlands und Österreichs werthvollsten Traubensorten; Wien 1874.

Grabner Elfriede:
Heilende Wasser in Volksmedizin und Naturheilkunde.
Blätter f. Heimatkunde; 74. Jg.; Heft 4; Graz 2000.

Grabner Elfriede:
Von der Volksmedizin zu den Wunderheilern. Kulturhist. Aspekte um Krankheit und Heilen in der medikalen Literatur.
In: Ztschr. d. hist. Vereines f. Stmk.; XCI/XCII. Jg.; Graz 2000/01.

Hanisch Ernst:
Österreichische Geschichte 1890 - 1990. Der lange Schatten des Staates. Österr. Gesellschaftsgeschichte im 20. Jh.; Wien 1994.

Hellbling C. Ernst:
Österreichische Verfassungs- und Verwaltungsgeschichte;
Wien, 1974.

Keegan John:
Der erste Weltkrieg. Eine europäische Tragödie; Hamburg 2001.

Kinder Hermann/Hilgemann Werner:
dtv-Atlas zur Weltgeschichte. Karten und chronologischer Abriss;
München 1995.

Kneipp Sebastian:
Meine Wasserkur; Kempten 1888.

Köstler Hans-Jörg:
Die Stahlerzeugung in der Weststeiermark mit besonderer Berücksichtigung der zweiten Hälfte des 19. Jhs.
In: Ztschr. d. hist. Vereines f. Stmk.; XCI/XCII Jg.; Graz 2000/01.

Kubinszky Mihaly:
Bahnhöfe in Österreich; Wien 1986.

Kundegraber Maria:
Die volkstümliche Ernährung im Lichte der Untertaneninventare.
In: Ztschr. d. hist. Vereines f. Stmk.; Graz 1988.

Kurahs Hermann:
Noch mehr haben nirgends eine Heimat, aber Gräber auf jedem Friedhof. Zur Wiederansiedlung der Juden in Radkersburg.
In: Blätter f. Heimatkunde; 75.Jg.; Heft 2/3; Graz 2001.

Leskoschek Franz:
„ausg‘steckt is“. Kurze Kulturgeschichte der Buschenschenke und des Schankrechts im altösterr. Weinbauraum.
Blätter f. Heimatkunde; 49. Jg.; Heft 3; Graz 1975.

Maier-Bruck Franz:
Vom Essen auf dem Lande. Das große Buch der österreichischen Bauernküche; Graz 1999.

Opitz Arne:
Bergholde, Sauffhäuser und Bauernschinder; Wien 1997.

Österreichische Bürgerkunde. Handbuch der Staats- und Rechtskunde in ihren Beziehungen zum öffentlichen Leben.
Zweiter Band; Wien o.J.

Paukert Herbert:
Das Sterz und Polenta Kochbuch; Graz 1993.

Pferschy Gerhard:
Das Werden der Steiermark. Die Zeit der Traungauer. Festschrift zur 800. Wiederkehr der Erhebung zum Herzogtum. Veröffentlichungen d. steiermärkischen Landesarchivs; Bd. 10; Graz 1980.

Pickl Othmar: (Hrsg.):
800 Jahre Steiermark und Österreich 1192 - 1992. Der Beitrag der Steiermark zu Österreichs Größe. Forschungen zur geschichtlichen Landeskunde der Steiermark; Graz 1992.

Rauchensteiner Manfred:
Der Tod des Doppeladlers. Österreich-Ungarn und der Erste Weltkrieg; Graz 1993.

Rumpler Helmut/Urbanitsch Peter (Hrsg.):
Die Habsburgermonarchie 1848 - 1918. Verfassung und Parlamentarismus. Bd. VII; 1. und 2. Teil; Wien 2000.

Rumpler Helmut:
Österr. Geschichte 1804 - 1914. Eine Chance für Mitteleuropa; Wien 1997.

Schillinger Christa:
Franz Krainer (1818 - 1900). Ein steirischer Naturarzt und Hydropath in Klöch und Graz.
In: Blätter f. Heimatkunde; 72. Jg.; Graz 1998.

Sieder Reinhard:
Sozialgeschichte der Familie; Frankfurt 1987.

Steiermark in Wort und Bild. Herausgegeben unter Mitwirkung d. hervorragendsten Gelehrten u. Künstler. Ohne Autor; Wien um 1890.

Stockhauser Johann:
Dampfbetrieb in Alt Österreich. 1837 - 1918; Wien 1979.

Toifl Leopold:
Kurioses und Makabres von der Militärgrenze.
In: Blätter f. Heimatkunde; 71. Jg.; Graz 1997.

Tscherne Werner/Gebhardt Helmut:
Geschichte der Bezirkshauptmannschaft Deutschlandsberg.
Verwaltung-Gendarmerie-Schulwesen; Deutschlandsberg 2001.

Tscherne Werner:
Von Ybanswalde zu Eibiswald; Eibiswald 1995.

Verhovsek Johann:
Heimat - eine kritische Annäherung.
In: Blätter f. Heimatkunde; 75. Jg.; Heft 2/3; Graz 2001.

Wandruszka Adam/Urbanitsch Peter (Hrsg.):
Die Habsburgermonarchie 1848 - 1918. Die bewaffnete Macht.
Bd. V; Wien 1987.

Weber Christian-Franz:
„So ein trauriges Lied ohne Worte ..."
Die Versorgung der Steiermark durch die Alliierten 1918/19.
In: Blätter f. Heimatkunde; 75. Jg.; Graz 2001.

Wippel Isabella:
Erinnerungen an Alt-Eibiswald; Eibiswald 1992.

Wozonig Erich:
Pölfing-Brunn; Ortsgeschichte; Graz 1984.

Wunderer Regina:
Weinbau und Weinbereitung im Mittelalter. Wiener Arbeiten zur germanischen Altertumskunde und Philologie; Bd. 37; Bern 2001.

Dank an

Petra Hochgatterer für die Inspiration zum Buch; meiner Frau Sabine für den positiven Zuspruch und die Geduld während der Recherchen; allen Leihgebern der Fotos, namentlich Karl Thürschweller, Familie Hack-Gebell, Familie Jakopé, „Jimmy" Schiberth; Familie Bauchinger-Herber; Frau Dr. Ellermann, Frau Dr. Barbara Schaukal und Frau Sieglinde Pflegerl vom Bild- und Tonarchiv Graz; meiner Mutter für die ideelle und finanzielle Unterstützung; Loni und Vinzenz Ertl für die zahlreichen Tipps und Querverweise und manches Gläschen Wein; meinem Weitwanderkameraden „Joe" Kieweg für die Begleitung durch das steirische Weinland von der Soboth bis Radkersburg; Franz Vezonik für die Aushebung und Bearbeitung der Matriken; Vojko Divjak und der Familie Divjak für die Recherchen in Šempeter und Celje; Mag. Robert Trsek für die vielen anregenden Gespräche zum Thema Familiensystematik; Abg. z. NR Bgm. Hannes und Elisabeth Zweytick für ihre ideelle und organisatorische Hilfe und Frau Anna Beter in Glashütten, die trotz ihrer 89 Jahre bereit war, mir ihre interessante Lebensgeschichte als Hebamme in den 1930er Jahren zu erzählen.

9. Bilder als Zeugen der Wandlung

Alte Ansichten von 1890 - 1940

1. Mein Großvater Franz Ločičnik, auf einem Portrait um 1901.

2. Die Familie Ločičnik, aufgenommen um 1903, noch ohne meinen Vater Raimund, der erst 1906 zur Welt kam.

4. Die untersteirische, altösterreichische Bezirksstadt Cilli um 1914, wie sie mein Vater und seine Geschwister vor Ausbruch des 1. Weltkrieges erlebt haben.

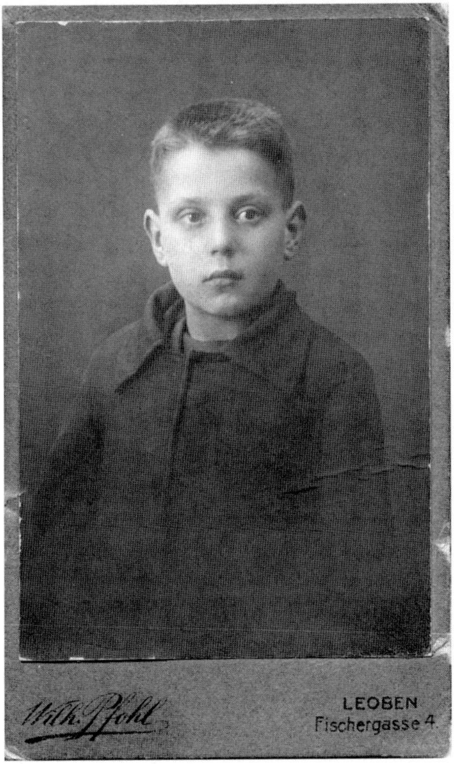

3. Mein Vater Raimund Ločičnik, aufgenommen ca. 1912 – 1914.

5. Cilli, die bedeutende Garnisonstadt, um 1910 mit einem Erscheinungsbild, das sich nahtlos zu jenen anderer altösterreichischer Städte fügt.

6. Eibiswald, aufgenommen um 1912 aus Richtung „Wies". Rechts im Vordergrund der völlig frei liegende Friedhof und der unbeeinträchtigte Blick auf den Ortskern. Im Hintergrund erhebt sich der Radlberg mit dem Klementkogel.

7. Eibiswald, Blick zur Pfarrkirche, um 1929. Halblinks im Vordergrund eine Personengruppe, die sich für den Fotografen als Staffage zur Verfügung stellte, um das Bild zu beleben.

8. Der Hauptplatz von Eibiswald, aufgenommen um 1930. Das Foto zeigt noch den völlig unbefestigten Ortsplatz, wie ihn vermutlich auch mein Großvater gekannt hat. Zum typischen Erscheinungsbild der altösterreichischen Kleinstädte gehörten auch die Bäume in der Platzmitte.

9. Ein Erinnerungsfoto an das ehemalige Eisen- und Stahlwerk in Eibiswald, welches kurz vor 1900 der wichtigste „Brötchengeber" für die Region war.

10. Der „Charlotte-Marie-Schacht" der Eibiswalder Glanzkohlen Gewerkschaft auf einem Foto vor 1905, der zu den bedeutendsten in diesem Bezirk zählte. 1913 waren hier 674 Mitarbeiter beschäftigt, welche die hochwertige Kohle auf einer eigens gebauten Seilbahn zur Bahnstation nach Pölfing-Brunn verfrachteten.

11. Das Gasthaus „Zum Kälberhansl“ am Radlpass, hoch oben über Eibiswald, zählte zu den beliebtesten Ausflugszielen vor der Grenzziehung zwischen Österreich und Jugoslawien. Das Foto zeigt den Tanzboden vis à vis vom Gasthaus und entstand 1911.

12. Das alte Feuerwehrzeughaus in Hörmsdorf in einer Ansicht von 1932. Wie in vielen Orten war es zur Gänze aus Holz errichtet und dadurch selbst äußerst brandgefährdet.

13. Musizieren und Tanzen gehörte zu den beliebtesten Freizeitaktivitäten der Südsteirer und Slowenen. Auf dem Foto zu sehen ist die Steirische Tanzschule von Hörmsdorf mit der Besetzung vom ersten Halbjahr 1930.

14. „Karl Harings Einkehr-Gasthof", 1934 aufgenommen, in Pitschgau zwischen Eibiswald und Oberhaag gelegen, mit der gesamten Wirtshausbelegschaft und einem „rasanten" Automobil links im Vordergrund.

15. Der Ort Pölfing-Brunn, von „Trixen" aus in Richtung Nordwesten aufgenommen. Gut erkennbar sind die ebenerdigen Reihenhäuser der so genannten „Bergarbeiterkolonie" rechts im Mittelgrund.

16. Die Belegschaft des „Karlschachtes", 1921 attraktiv aufgestellt vor ihrem Arbeitsplatz, der alles andere als fotogen war. Der Schacht befand sich im Besitz des Karl Schelch.

17. Die Kirche des hl. Laurentius in St. Lorenzen, dicht an der slowenischen Grenze gelegen. Hier verhinderte 1919 die couragierte Mesnerin Maria Prassnik die Teilung des Ortes durch die Alliierten bei der Grenzziehung nach dem 1. Weltkrieg.

18. Ein Blick auf die malerische Kirche von Soboth. Auch heute (2004) noch vorhanden ist das große Holzhaus rechts im Mittelgrund, welches als Grenzlandschule Soboth im Jahr 1926 erbaut wurde.

19. Die Ortschaft Wies um 1928. Zu sehen ist der „Untere Markt" mit einer weit auseinander gezogenen Verbauung. Links im Vordergrund das Gasthaus Greimel, welches später zum Hotel Seltenriegel umgebaut wurde. Das Hotel wurde nach der Seltenriegelquelle benannt, die sich im Besitz der Familie Schelch befindet. In den 1960er Jahren wurde sie auch als „Krebswasser" bekannt.

20. Der Bahnhof von Wies in den 1920er Jahren. Hier befindet sich die Endstation jener Bahn, die eigentlich bis Eibiswald hätte gebaut werden sollen und deren Streckenführung seinerzeit den Niedergang des Stahlwerkes deutlich beschleunigte.

21. Kalkgrub in der Gemeinde Limberg. Blick auf das Kohlebergwerk und die Sortieranlage im Jahr 1925. Links, mit Pfeil versehen, das ehemalige Verwaltungsgebäude. Rechts vorne erkennt man die alte Bahntrasse nach Steyregg, die später der Bundesstrasse weichen musste.

22. Der Ort Schwanberg, in Richtung Nordwesten aufgenommen. Im Hintergrund erhebt sich der Salzger Kogel.

23. Schwanberg, 1922: Blick über den Hauptplatz mit Sicht auf den Josefiberg und die Josefikirche. Im Mittelgrund die Mariensäule und links davon das bogenförmige Kriegerdenkmal für die Gefallenen des 1. Weltkrieges.

24. Schwanberg um 1925, als noch die Kaleschen und zahlreiche andere Pferdegespanne das Straßenbild beherrschten.

25. Die Villenkolonie entlang der Bahnhofstraße in Schwanberg, aufgenommen 1911. Ihr Erscheinungsbild ist typisch für die Gründerzeit um 1890 und lässt sich in vielen Orten mit Bahnanschluss in ähnlicher Form finden.

26. Während die ersten Arbeiterschwimmbäder bereits um 1880 erbaut wurden, leistete sich ein findiger Wirt 1927 in Schwanberge die Großzügigkeit eines privaten Freibades. Es existiert auch 2004 noch, allerdings ohne die hölzerne Kabinenfront. Das Gebäude am hinteren Ende der Kabinenreihe brannte 1949 ab und wurde als zweistöckiges Gebäude wieder errichtet.

27. Im gesamten steirischen Weinland gibt es eine große Anzahl an Schlössern und Adelssitzen. Die Aristokraten verwalteten von diesen Herrschaftssitzen aus den größten Anteil an Grund und Boden im steirischen Weinland. Hier ein Blick auf Schloss Hollenegg im Jahr 1911.

28. Der grandiose und mit kunstvoll gestalteten Grünflächen ausgestattete Innenhof von Schloss Hollenegg um 1910.

29. Der Hauptplatz von Deutschlandsberg um 1935. Markant ziert der schön gestaltete Kandelaberständer mit dem Schild „Links fahren" die Mitte des Platzes. Selbst in der Zwischenkriegszeit strahlten die Orte des Weinlandes noch viel vom Flair der längst vergangenen Monarchie aus.

30. Die Burg von Deutschlandsberg mit der Zufahrtsstraße und einem damals hochmodernen Personenkraftwagen, aufgenommen um 1925.

31. Eine besondere Blüte erreichte um 1900 das Vereinsleben in allen nur erdenklichen Sparten. Hier der Männergesangsverein Deutschlandsberg, um 1910 aufgenommen.

32. Im Zuge der lebensreformerischen Erkenntnisse und Hypothesen, besonders jener des Naturheilers Sebastian Kneipp, wurden auch die Kur und das Baden immer populärer. Der kleine weststeirische Ort Gams bei Stainz profitierte von dieser Bewegung und avancierte zum beliebten Kurort. Das Foto zeigt die Gemeinde von einer Anhöhe aus, mit dem Brückerl über dem Gamsbach im Vordergrund in Richtung Norden, um 1934.

33. Glashütten bildet so etwas wie die westliche Außengrenze des steirischen Weinlandes: Hoch oben, am Fuße der Koralpe gelegen, entwickelte sich dieser Ort zu einem beliebten Ausflugsziel der Wanderbewegung des späten 19. Jhs. Von der nahe gelegenen „Weinebene" eröffnet sich ein grandioses Panorama über die Süd- und Oststeiermark.

34. Der Alpengasthof Glashütten im Jahr 1935. Im Vordergrund eines der ersten gelämdetauglichen, offenen Fahrzeuge zum Transport von Waren und Gästen in den 1.274 m hoch gelegenen Ort. Es handelt sich um das erste Fahrzeug, das in Glashütten angemeldet war. Es wurde besonders während der schneereichen Wintersaison zum Segen für die Dorfbewohner.

35. Der „Gasthof zur Post“ in Glashütten am 25. August 1905, mit der gesamten „Mannschaft“ aufgenommen. Um 1900 und darüber hinaus war es äußerst beliebt, ein kurzfristig gemachtes Foto als Postkarte zu verschicken.

36. Ebenfalls zu den herrschaftlichen Domänen zählte das Schloss Wildbach am südlichen Ausläufer des Feldbaumhügels. Das anschließende Straßendorf stellt eine bemerkenswerte Form einer historischen „Weingartenstreifenflur"-Verbauung dar.

37. Ein Blick auf Stainz um 1930: Mitten im Zentrum des „Schilcherlandes" gelegen, hat dieser Ort für jeden Freund des einzigartigen Weines so etwas wie Kultcharakter, nicht zuletzt wegen der vielen reizvollen Buschenschanken an den Hängen der ziemlich steilen Weingärten.

38. Im Zentrum von Stainz thront das Schloss, welches bis 1785 als Chorherrenstift in Verwendung stand. Als adaptiertes Schloss wurde es 1840 von Erzherzog Johann erworben, der ab 1850 auch gewählter Bürgermeister von Stainz war. Die Aufnahme stammt aus den späten 1950er Jahren.

39. Damals wie heute beliebt: der „Engelsweingarten" in Kothvogel, oberhalb von Stainz, 1932 fotografiert. An einem der schönsten Ausblickspunkte gelegen, hat so mancher berühmte Kurgast aus Gams oder Wanderer hier sein Schilcherachterl getrunken.

40. „Die fesche Winzerin aus dem Engelsweingarten bei Stainz“ steht auf dem Foto aus den 1930iger Jahren auf der Rückseite zum Lesen. Der Fotograf sprach damit wohl auch die sozial-erotische Komponente eines Buschenschankbesuches an.

41. Seit 1857 kennt man die Johannesquelle in Sauerbrunn bei Stainz mit ihren zahlreichen Heilwirkungen. Besonders Rheumatiker und an Gicht leidende Menschen finden hier seit der Entdeckung der Quelle Linderung und Heilung. Das Foto entstand im Jahr 1912.

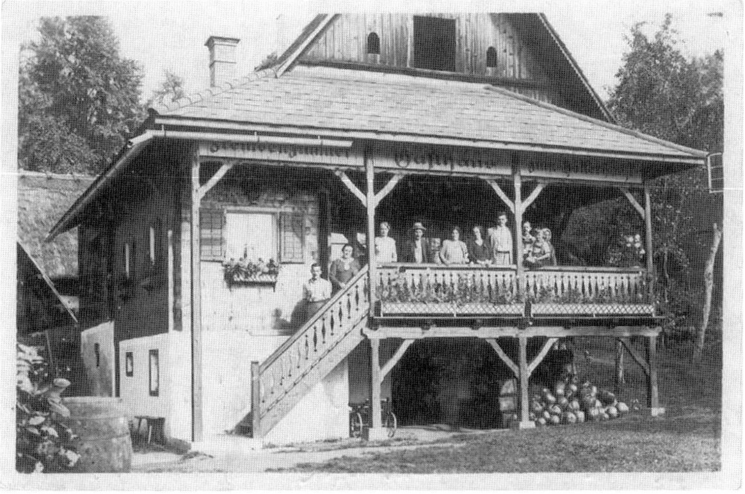

42. „Franz Gansters Gasthaus zum Höllerhansl" in Rachling bei Stainz. Das beliebte Ausflugswirtshaus stand schräg vis à vis vom Geburthaus des bekannten Wunderheilers Johann Reinbacher, der weit über die Grenzen des Ortes hinaus als „Höllerhansl" bekannt war.

43. Eine Ansichtspostkarte aus Rachling bei Stainz mit dem berühmten Wunderheiler Johann Reinbacher, alias „Höllerhansl", seiner Frau Cilli und den Ansichten der Kapelle sowie des Wohnhauses, 1924 aufgenommen.

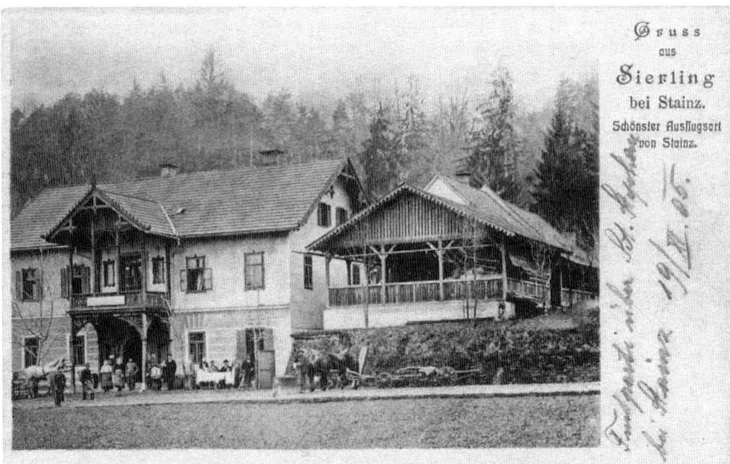

44. „Gruß aus Sierling, dem schönsten Ausflugsort von Stainz" – mit solchen und ähnlichen Sprüchen warben die einzelnen Gaststätten, Buschenschanken und Orte um das Wohlwollen ihrer Gäste. Der Grund: Die Konkurrenz im gastronomischen Sektor war Anfang des 20. Jhs besonders groß. Das Foto zeigt das Gasthaus Graf um 1905.

45. Wer die wunderschöne, hügelige, waldreiche Landschaft der Weststeiermark einmal lieb gewonnen hat, kehrt immer wieder hierher zurück. Für die ansässigen Häusler und Kleinbauernfamilien war es aber ebenso wie in anderen Gegenden des Weinlandes und der Untersteiermark eine existentielle Herausforderung, hier überhaupt eine entsprechende Lebensgrundlage zu schaffen. Das Foto zeigt die Familie Roth aus dem Zachgraben in St. Stefan ob Stainz im Jahr 1932 oberhalb ihres kleinen Bauerhofes.

46. Erinnerung an das Kriegsjahr 1914/15: Ein kleiner Versorgungstrupp, aufgenommen in St. Stefan ob Stainz.

47. Das „Gasthaus Wolfbauer“ in St. Stefan ob Stainz, aufgenommen im Jahr 1920.

48. Das Zentrum von St. Martin im Sulmtal mit Blickrichtung nach Osten, aufgenommen 1939. Der Vergleich mit der Gegenwart zeigt, dass die Gebäude zwar alle noch vorhanden sind, aber teilweise gravierend und nachteilig verändert wurden. Links im Vordergrund das „Gasthaus Lukas“, welches sich auch 2004 noch im Familienbesitz befindet.

49. Das Haus „Harkamp“ in Flamberg im Sausal, präsentiert sich gegenwärtig als beliebter Ausflugsort für Jung und Alt. Das Foto zeigt das Gebäude mit den malerischen Weingärten vom unteren Burgstall aus.

50. Die Ortschaft Groß-Klein, von Klein-Klein aus gesehen, aufgenommen 1929. Schon vor über 2500 Jahren befand sich in dieser Gegend das kulturelle Zentrum des Saggautales, unweit vom Zusammenfluss von Saggau und Sulm.

51. Das Ortszentrum von Groß-Klein, ebenfalls um 1929 fotografiert. Im Mittelpunkt des Bildes befindet sich das Haus Hubmann, in welchem sich auch 2004 wie damals eine Bäckerei befindet. Markant geändert haben sich allerdings die anderen Gebäude, die großteils noch vorhanden sind.

52. Der Ortskern von St. Nikolai im Sausal um 1920. Mit ein wenig Phantasie lassen sich auch 2004 die meisten Gebäude noch identifizieren. Rechts im Vordergrund das Kaufhaus Greimel, darunter das Gebäude der Raiffeisenbank und am Ende des Berges das „Landgasthaus zur Post". Links im Bild befindet sich das Gasthaus „Strauss" als Abschluss des Kirchenvorplatzes.

53. Kitzeck: Der grandiose Blick auf Kirche und Ort vom Gegenhang aus, aufgenommen um 1950. Schon zu Großvaters Zeiten war diese Gegend ein beliebtes Ausflugsziel für Wanderer und Touristen.

54. Die Absolventen der Weinbauschule Silberberg, aufgenommen im Jahr 1926.

55. Blick vom Ufer der Sulm auf die Ostseite des Schlosses Seggau. Gegenwärtig ist aufgrund des starken Uferbewuchses nur mehr der First des Gebäudes zu sehen. Grundsätzlich ist auffallend, dass in den letzten 100 Jahren die meisten Motive „zugewachsen" sind. Das Foto stammt aus dem Jahr 1913.

56. Blick auf Schloss Seggau vom Frauenberg in Richtung Nord-Osten. Auffallend an diesem Foto ist der nahezu baumfreie Burgberg und der niedrige Uhrturm, der erst später aufgestockt wurde. Das Bild zeigt den Burg-Schlosskomplex im Jahr 1922.

57. Kaindorf bei Leibnitz im Jahr 1937. Blick von der Frauengasse in Richtung Hauptstraße Sulmtal-Leibnitz. Links zu sehen ist das Lebensmittelgeschäft Pollametz (heute: Legat). Im Mittelgrund das Gasthaus Schallhammer. Rechts die Spinnereifabrik.

58. Leibnitz 1935, vom Frauenberg aus aufgenommen. Der Ort präsentiert sich auf diesem Foto noch als geschlossene Kleinstadt ohne Trabantensiedlungen und Industriegebiete.

59. Der Hauptplatz von Leibnitz 1933, in Richtung Westen fotografiert. Rechts im Hintergrund Schloss Seggau, links der Frauenberg. Typisch für die 1920 – 30er Jahre sind die zahlreichen Elektroleitungen über den Hausdächern.

60. Eine lustige Wirtshausgesellschaft stellt sich an einem heißen Sommertag dem Fotografen in Leibnitz.

61. Die Hauptstraße der Gemeinde Straß im Jahr 1933. Wie in den meisten Dörfern des Weinlandes war auch hier der gesamte Straßenzug unbefestigt und mit frisch gepflanzten Begrenzungsbäumen versehen.

62. Blick auf Ehrenhausen in Richtung Osten. Rechts oben im Hintergrund das Schloss mit dem vorgelagerten Mausoleum. Die Aufnahme datiert aus dem Jahr 1932.

63. Blick über den ansteigenden Marktplatz von Ehrenhausen in Richtung Pfarrkirche. Im Zentrum des Bildes das Rathaus. Obwohl dieser Ort direkt an der Bahnlinie von Graz nach Marburg liegt, zeigt das Foto die ganze Breite provinzieller Ruhe und Verträumtheit.

64. Die Belegschaft der Schildermalerei Haubner in Ehrenhausen in stolzer Pose vor dem Geschäft Ecke Hauptstraße/Roseggergasse, aufgenommen um 1930.

65. Gamlitz 1937: Blick von der Weinleiten in Richtung Weinstraße. Gut erkennbar ist die kleinflächige, gewachsene Struktur des Ortes.

66. Die Hauptstraße von Gamlitz, aufgenommen um 1950. Die ebenerdigen, eingeschossigen Gebäude sind mittlerweile alle aufgestockt. Auch kurz nach dem Ende des 2. Weltkrieges lagen die Orte des steirischen Weinlandes noch tief im „Dornröschenschlaf" und Fremde oder Touristen wurden wie ein Weltwunder bestaunt.

67. Direkt an der Straße von Gamlitz nach Leutschach gelegen, befand sich früher der beliebte Einkehrgasthof „Zum Koglwirt“ der Familie Resch. Das Haus hat sich bis heute authentisch erhalten und gehört gegenwärtig der Familie Rupert Adam.

68. Ein malerischer Hohlweg an der südsteirischen Weinstraße. Hier beginnt die Geschichte des Weines, die unzählige Generationen in dieser wunderbaren Landschaft prägte und ihre Schicksale aufs Engste mit der Qualität ihrer Produkte verband.

69. Die Kästenburg, direkt an der Weinstraße im Gemeindegebiet von Sulztal gelegen, zählt zu den ältesten Gebäuden in dieser Region. In ihren historischen Mauern und Gewölben wurde über Jahrhunderte Wein gekeltert. Zuletzt und bis heute von der Familie Jakopé.

70. Die Familie Jakopé im Jahr 1914. Vielleicht lassen die strengen, aber auch traurigen Mienen ihrer Gesichter bereits eine Vorahnung der Ereignisse, die der 1. Weltkrieg auslösen wird, erkennen.

71. Bis weit hinein ins 20. Jahrhundert waren die Pferde das wichtigste Hilfsmittel für die Arbeit auf den Bauernhöfen. Ihrer Betreuung und Versorgung wurde daher höchste Aufmerksamkeit geschenkt.

72. Die Weinlese beginnt und damals wie heute ist es vorwiegend eine Handarbeit, die viel Zeit, Geduld und Ausdauer erfordert. Die Weinlese zählt auch heute noch zu jenen Arbeiten, wo der Mensch mit seinem ganzen körperlichen Einsatz gefordert ist und ihm ein direktes Erfolgserlebnis vermittelt wird.

75. In großen Holzbottichen wurde die Traubenernte zusammengesammelt und anschließend auf Leiterwägen zu den Presshäusern transportiert. Rechts im Vordergrund ein Steingrander, der zum Anrühren des Spritzmittels Kupfervitriol verwendet wurde.

73. Aus den engen und teilweise sehr steilen Rieden wurden die Trauben seinerzeit zu den Erntehelfern gebracht, die diese in Tragbutten weiterverfrachteten.

74. Die aus Holz gefertigten Butten hatten ein hohes Eigengewicht und verlangten dem Träger seine ganze Kraft und Kondition ab.

76. Mit Pferde- oder Ochsengespannen geht es nun mühevoll den steilen Weg aus den Rieden hinauf zu den Verarbeitungsstätten. Während der Weinlese wurde fast rund um die Uhr gearbeitet, weil eine Unterbrechung sofort mit einem Qualitätsverlust verbunden war.

77. Hier ist eine typische Zuchtpresse (aus Luttenberg/Slowenien) beim Einsatz zu sehen. Für den Pressvorgang wurden Holzreifen aus Birkenholz verwendet, die zwischen die Schichten aus Trauben gelegt wurden. Diese Arbeit war sehr heikel, weil bei zu viel Druck die Reifen seitlich wegrutschten. Gepresst wurde meistens in der Nacht, weil am Tag geerntet wurde.

78. Für die Qualität des Weines von maßgeblicher Bedeutung war und ist die Qualität der Fässer. In Grünburg an der Steyr befand sich eine von zahlreichen Fassbindereien, die in alle Weinbaugebiete Österreichs ihre Produkte lieferte. Auf dem Foto zu sehen ist ein Fass kurz vor dem so genannten „Ausbrennen“, aufgenommen 1937.

79. Stolz präsentiert sich die Familie Herber in Grünburg vor ihren Fässern, bevor diese die weite und beschwerliche Reise in die Weinbauregionen des Landes antreten.

80. Endlich ist es soweit: Die Fässer sind gefüllt und die Gärung kann beginnen. Nun kommt das spannende Erwarten: Wie wird der heurige Wein wohl schmecken?

81. Im Endstadium der Gärung bzw. der Weinreife geht der Kellermeister immer öfter in den Keller, um den Zustand des Weines zu prüfen.

82. Dann der große Augenblick, der fast schon einem Ritual gleicht: Der Wein ist bereit für die Verkostung der sensiblen Gaumen. Die Prozedur kann beginnen. Die Spannung steigt.

83. Wein und Sturmverkostung beim ehemaligen Keller des Ludwigshofes unterhalb des Urlkogels. Das Produkt ist gelungen und die ganze Mannschaft freut sich mit dem Winzer.

84. „Besuchen sie das südsteirische Weinparadies“ steht auf der Karte aus Glanz aus dem Jahr 1933 zu lesen. Abgebildet ist das Gasthaus Kienzl, in dem sich derzeit die Buschenschank Renner befindet.

85. Schon vor Ausbruch des 1. Weltkrieges sorgten die Aktivitäten des „Deutschen Schulvereines“ für heftige Kontroversen. Auf dem Foto ist die „Deutsche Volksschule“ in Langegg zu sehen, die im Jahr 1926 erbaut wurde.

86. Direkt auf dem Scheitelpunkt der Straße über den Pößnitzberg gelegen, befand sich das Gasthaus „Kreuzwirt“ der Familie Tscheppe. Durch den regen Verkehr zwischen dem südsteirischen Weinland und Marburg war es ein beliebter Rastplatz auf der einstmals anstrengenden Reise. Foto aus dem Jahr 1941.

87. Das Bartahaus in Sulztal an der Weinstraße, benannt nach seinem Besitzer Franz Barta, um 1900. Schon seine äußere Form verrät die Zuordnung zum bürgerlichen Lebensstil in dieser Region.

88. Das Meierhaus in Eckberg 62. Um 1870 kauft Franz Barta das Objekt und das gesamte Grundstück um 6.000 fl. Seit 1920 ist das Gebäude in Besitz der Familie Hack-Gebell, welche hier seit dieser Zeit ein Weingut betreibt. Das Foto wurde um 1910/15 aufgenommen.

89. Franz und Maria Barta begrüßen einen Gast vor der Meierei. In ihrem bürgerlichen Umfeld verkehrten allerlei Künstler, Maler und Bohemians, weil Maria Barta selbst der Kunst sehr zugeneigt war.

90. Zwei alte Landarbeiter auf dem Weingut des Franz Barta in Eckberg an der Weinstraße um 1910.

91. Franz und Maria Barta in ihrem Haus in Sulztal bei der Feier des 60. Geburtstages von Franz Barta im Jahr 1909. Sowohl das Interieur als auch die Bilder an den Wänden und der Kachelofen zeigen deutlich, dass es sich bei diesem Paar um wohlhabende Bürger handelt.

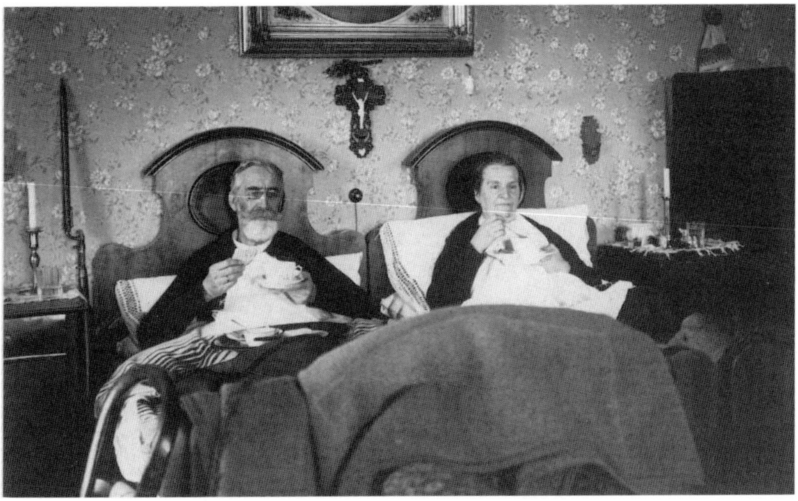

92. Bürgerliche Idylle: Franz und Maria Barta beim gemütlichen Frühstück auf dem Fauteuil.

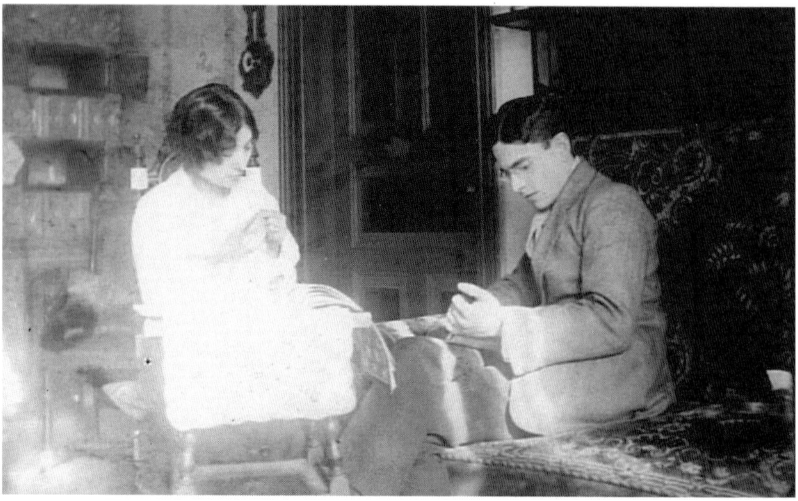

93. Sozialutopien und Romantik gehören zum Lebens- und Stilvokabular der bürgerlichen Gesellschaft um 1900. Auch dieses junge Paar macht da keine Ausnahme.

94. Modebewusste Herrschaften in ausgelassener Unterhaltung in einer Buschenschank um 1905.

95. Verträumt und malerisch präsentiert sich der Ort Leutschach mit dem Blick von der Kirche über den Hauptplatz im Jahr 1933.

96. Unweit von Leutschach, in westlicher Richtung, befindet sich die Gemeinde Arnfels. Links im Vordergrund ist das so genannte „Flussbad" zu sehen, an dessen Stelle sich heute das Freibad befindet. Es wurde Mitte der 1930er Jahre errichtet und erfreute sich größter Beliebtheit. Die Aufnahme stammt aus dem Jahr 1939.

97. Der Ortsplatz von Arnfels, 1919 in Richtung Westen betrachtet. Rechts die typische Holzverkleidung eines Geschäftes aus der Vorkriegszeit. Im Mittelpunkt des Platzes die Bank und davor die jungen Bäume, die erst vor einigen Jahren wieder neu nachgesetzt wurden.

98. Komplett in seiner ursprünglichen Form erhalten geblieben ist der ehemalige Gasthof Platschberg des Josef Schunter in Zieregg. Er zählte ehemals zu den beliebten Ausflugszielen in der Nähe der bekannten Aussichtswarte.

99. Der grandiose, panoramaartige Blick auf Spielfeld. Hinter dem Schloss erhebt sich die malerische Landschaft der „Windischen Bühel“ und dahinter das Bacherngebirge bei Marburg. Deutlich ist die Priorität der Verkehrsmittel zu erkennen: Die Eisenbahnbrücke über die Mur ist bereits als Eisenstahlkonstruktion ausgeführt, während die Straßenbrücke noch in traditioneller Holzbauweise zu sehen ist.

100. Ein Blick auf Spielfeld, links mit dem Bahnhof, 1930 vom Murufer aus fotografiert.

101. Der Griesplatz in Mureck, um 1910 aufgenommen. Rechts im Vordergrund ist das so genannte „Schmiermaulhaus“ zu sehen. Das Haus Griesplatz 15 war um 1910 noch ein kleiner Anbau vor dem Haus Nr. 9 auf dem Nikolaiplatz.

102. Der Bismarckplatz in Mureck wurde aufgrund großdeutscher Ideen so benannt. Das dominante Haus im Mittelgrund des Bildes wurde abgerissen und musste einem nichtssagenden Bau weichen. Das Gebäude rechts im Vordergrund gehört zu den ältesten Bauten in Mureck und beherbergte um 1915 die Fleischerei und Selcherei des Hans Pfeiler.

103. Der erste Faschingsumzug nach dem 1. Weltkrieg in Mureck, durchgeführt 1924 mit großem Engagement der Bürger und Vereine des Ortes.

104. Ein beeindruckender Blick in die rechte Häuserfront des Hauptplatzes von Mureck, 1932 aufgenommen. Die harmonisch aufeinander abgestimmten Baukörper und Fassaden repräsentieren noch die Zeit vor den „großen Bausünden".

105. In einem „Gruß aus Mureck" von 1903 ist die alte Murbrücke als Holzkonstruktion zu sehen. Im Vordergrund ein paar spielende Kinder, im Hintergrund die Burg Obermureck und das markante Gasthaus auf der anderen Flussseite.

106. Das „alte Murbad" in Mureck. In Hintergrund ist die Badehütte zu erkennen. Das Bad wurde um 1916 geschlossen. Die Aufnahme muss wohl um 1910/12 entstanden sein.

107. Das Schiffmühlenunglück nach dem Hochwasser im Jahr 1908 in Misselsdorf. Völlig ratlos versuchen die Helfer die gekenterte Mühle wieder flott zu bekommen.

108. Straden im Jahr 1939 in Richtung Süden aufgenommen. Die außergewöhnliche Silhouette eines außergewöhnlichen Ortes. Die Gemeinde liegt an einem markanten Aussichtspunkt der Südoststeiermark und zählt schon seit dem 19. Jahrhundert zu den beliebtesten Ausflugszielen dieser Region. Dass hier auch noch ein hervorragender Wein gekeltert wird, steigert den Liebreiz des Ortes ungemein.

109. Der vulkanische Urgesteinsboden bildet die besten Voraussetzungen für das Gedeihen eines vorzüglichen Traminers, der schon zu Zeiten der Monarchie äußerst begehrt war. Blick auf Klöch von der Burgruine aus im Jahr 1924.

110. Ausflug bedeutete immer auch Ablenkung, Fröhlichkeit und Vergessen. In einem entbehrungsreichen Alltag und bei härtesten Arbeitsbedingungen war der Wein zu allen Zeiten der beste Seelentröster. Der Gasthof „Zur Klöcherperle", um 1940 aufgenommen.

111. Ein Schulausflug im Kriegsjahr 1914: Die Lehrer Leonardo und Fischlschweiger machen mit ihrer Schulklasse Rast in den Rieden der südoststeirischen Weingärten.

112. Ein typisches Bauernhaus des südoststeirischen Flachlandes, um 1908 fotografiert, welches große Verwandtschaft zu den Bauten der pannonischen Tiefebene aufweist. Vor dem ebenerdigen, strohgedeckten, kleinen Bauernhaus befinden sich die Hausbank und etwas weiter davor der Hausbrunnen.

113. Eine Dreschmaschine mit zahlreichen „Transmissionen“, aufgenommen um 1910.

114. Kinder bei der Kürbisernte in der Südoststeiermark um 1896.

115. Vor dem 1. Weltkrieg war Radkersburg eine blühende Garnisonstadt, nach seinem Ende war es plötzlich eine geteilte Stadt, im letzten, südöstlichen Eck des geschrumpften Österreich gelegen. Ein Blick auf den „Adolf Hitlerplatz" (Hauptplatz) aus dem Jahr 1940.

116. Der Innenhof des Gasthofes „Kaiser von Österreich" in Radkersburg während des fürchterlichen Hochwassers im Jahr 1916.

117. Ein seltenes Schauspiel konnten die Menschen 1929 mitverfolgen, als die Mur komplett zufror und bei der ersten Tauwetterperiode ein riesiger Eisstoß entstand.

118. Vielbestaunte Straßenmusikanten in Radkersburg um 1910.

119. Ein Blick zum so genannten „Tabor" in Radkersburg. Gegenüber heutigen Verhältnissen hat sich vor allem das Bodenniveau rund um die „Florianisäule" deutlich verändert. Das idyllische Foto entstand um 1912.

120. Eine Losverkaufsstelle in Radkersburg während des Kriegsjahres 1915.

121. Ein Blick auf die nördliche Ortseinfahrt von Radkersburg. Markant stehen die hohen Elektromasten im Vordergrund, die früher das Bild vieler Dörfer und Kleinstädte prägten. Aufgenommen 1934.

122. Blick in die Radkersburger Langgasse von Höhe des Hauses Nr. 36 in Richtung Norden. Das typisch südliche Flair bekamen viele Fassaden durch die dekorativen Fensterläden, die multifunktional gebaut waren und für optimale klimatische Verhältnisse in den Innenräumen sorgten. Foto aus dem Jahre 1925.

123. Eine ausgelassen Gesellschaft feiert im so genannten „Turnergarten“ in Radkersburg 1914 Hochzeit. Am Beginn des 1. Weltkrieges wurden noch unzählige Ehen geschlossen, um die persönlichen Bande angesichts der unsicheren Zukunft noch enger zu knüpfen.

124. Für kurze Zeit schien das Rad der Zeit zurückgedreht. Während der NS-Herrschaft Anfang der 40er Jahre war das österreichische Radkersburg noch einmal mit dem jugoslawischen Stadtteil vereint. Heute, 2004, ist eine neue Vereinigung durch den EU-Beitritt Sloweniens auf friedliche Art möglich geworden.

125. Robert Ločičnik (mit aufgestelltem Paddel), der Bruder meines Vaters, bei einer seiner zahlreichen Bootsfahrten von Graz nach Radkersburg. Datiert ist dieses Foto mit 27. Mai 1924.

126. Der tragische Moment wird Wirklichkeit: Abschied ins „Feld" im Jahr 1914 auf dem Radkersburger Hauptplatz. Ein letztes Mal drücken sich die Kameraden die Hand.

127. Kurz darauf beginnt die Fahrt ins Ungewisse: Einwaggonierung auf dem Radkersburger Bahnhof im Jahr 1914.

128. Konzentriert und ernst sitzen die Soldaten der k.k Armee über die Karten gebeugt. Eine kleine Fehleinschätzung oder Missdeutung konnte das Leben kosten. Aufgenommen um 1914/15.

129. Eine letzte Übung des Stellungsbaues durch die Sappeure, denen auch mein Großvater in Friedenszeiten angehörte. Bald schon sollte die Geschwindigkeit und Präzision des Bauens der Schützengräben im Feld über Leben und Tod entscheiden.

130. Noch finden die Soldaten Zeit, um ihre Uniformen zu reparieren und zu flicken. Bald schon wird für diesen „Müßiggang" keine Zeit mehr bleiben.

131. Nach drei blutigen Kriegsjahren sind nicht nur die Soldaten in den Stellungen und am „Feld“ ausgeblutet und „todmüde“. Auch die Menschen im Hinterland leiden unter einer unvorstellbaren Hungersnot und den Blockaden durch die Alliierten. Brotausgabe in Radkersburg 1917.

132. Vor allem die Pioniere waren in den großteils unwegsamen Gebieten, in denen der Krieg sein Schauspiel vollzog, bis zum Äußersten gefordert. Hier ein Foto von der Errichtung einer Behelfsbrücke über einen Bach im Jahr 1915.

133. „Gute Miene zum bösen Spiel". Mit einem gequälten Halblächeln stellen sich diese drei Soldaten dem Kriegsfotografen. Keiner von ihnen weiß, ob er morgen noch leben wird. Aufgenommen 1916.

134. Das bittere Ende eines wahnwitzigen und unverständlichen Krieges. Tote Soldaten kurz vor der Beerdigung im Jahr 1917.

135. Betend, klagend, teilweise stumm und scheinbar teilnahmslos, so nimmt jeder Einzelne Abschied von den gefallenen Kameraden.

136. Als Ende 1918 der Kanonendonner verstummt, bleiben weite Gegenden von Mitteleuropa verwüstet und menschleer zurück. Millionen Tote tränken mit ihrem Blut die Erde der Schlachtfelder. Europa ist zerteilt, jeglicher Neubeginn ungewiss. Das Weinland, als Hinterland, bleibt weitgehend von Zerstörungen verschont und rüstet sich für neue Zeiten. Als wehmutvolles Zeugnis bleibt die Grenze im Süden, die nun 2004, 90 Jahre später, im Zuge der europäischen Vereinigung hoffentlich ihre trennende Bedeutung verliert.